基于农户视角的浙江农村电子商务发展的价值贡献研究

陈旭堂　汪晶晶　著

中国农业出版社

北　京

本书出版获得中国（丽水）两山学院资助。

摘　　要

近些年农村电子商务在中国应当是一个十分凸显的经济现象，对中国整个农村经济的转型升级都起到了重要的推动作用。尤其以东部地区农村电子商务发展较为显著，其中浙江省始终处于高位发展态势。然而，中国农村电子商务发展还处于起步阶段，其价值贡献尚未充分显现，加之各个省份之间发展还存在极度不均衡现象，而浙江省农村电子商务发展却能够脱颖而出，其价值贡献研究尚无迹可寻。而农户是农村电子商务发展的主要参与主体，也是最大的受益者。因此，基于农户视角，选择农村电子商务发展最好的浙江省作为研究区域，开展农村电子商务发展的价值贡献研究，有助于加强对农户微观视角下电子商务发展特性的理解，加深对农户微观视角下农村电子商务发展的价值贡献的认知，为更好地利用这一新型手段，有效解决当前农户面临的增收、脱贫能力、生活质量提升、创业就业等方面的问题具有重要现实意义。基于此，本书在理论分析的基础上，根据问卷数据和访谈资料，利用计量分析方法和案例研究，重点研究了农村电子商务发展的价值贡献形成机理、浙江省农村电子商务发展的价值贡献模型构建，根据开发的价值贡献模型开展实证分析及典型案例研究。相应的研究结论如下：

第一，依据逻辑理念模型思路构建农村电子商务发展的价值贡献形成机理的理论分析框架（简称 IPOV 框架）。农村电子商务发展价值贡献形成经历投入、过程、产出、价值 4 个环节：在投入环节上，政府、社会组织在农村地区投入资源要素以及农村的资源禀赋投入与利用。在过程环节上，农户参与学习、企业建立电子商务运营服务载体、政府构建平台载体并进行农村电子商务发展的主体培育。从产出环节看，在投入与过程两个环节不断驱动下，形成了农村电子商务发展必须具备的要素条件。从价值环节看，在投入、过程、产出持续作用下，形成了农村电子商务在经济、社会、文化、生态等方面的价值贡献。

第二，根据农村电子商务价值贡献形成机理的理论分析及价值贡献的理论依据，构建了包含四个价值贡献构面模型并检验该理论模型。检验结果表明：该模型的四个价值构面显示出了较高的信度和效度，也说明该模型在识别农村电子商务价值贡献方面具有较高的合理性，顺利开发出了作为正式理论的经济、社会、文化、生态四个价值构面的农村电子商务价值贡献体系。

第三，根据开发的价值贡献体系，基于测量模型路径系数和农户调研数据对浙江省农村电子商务发展的价值贡献进行实证分析。研究结果显示：浙江省农村电子商务发展具有经济、社会、文化、生态等方面价值，但也存在不同参与农户之间、不同地区农户之间比较明显的差异。

第四，根据农村电子商务价值贡献形成机理的理论分析及开发的价值贡献体系开展典型案例研究。研究结果显示：县域农村电商发展是在政府各项政策措施驱动下，通过资源要素集聚、市场需求拉动、三次产业支撑以及主体战略推动等多方共同作用的结果。其形成机理是基于要素结构不断优化整合推动，在政府通过政策引导下，各要素资源加快向农村电子商务集聚，以及现代商务模式为农村带来了广阔的需求空间和产业支撑。同时，农村电子商务发展在很大程度上悄悄地改变了原有村庄范围的经济活动、社会活动、文化活动、生态活动的方式，这对欠发达地区乡村振兴有着重要启示作用。

关键词： 农村电子商务；价值贡献；模型；农户；浙江

目　　录

第1章 导 论

1.1 问题提出

现代市场经济推进中的乡村振兴面临要素集聚困境。随着市场化向乡村纵深渗透，传统乡村衰落的趋势似乎难以挽回。乡村经济发展进程缓慢，必然导致乡村发展的人才、资金、技术等关键要素流出，由于村庄能给农民提供的就业和增收途径极为有限，这不但进一步迫使青壮年劳动力外出务工，而且让留下的农民群体也面临增收困难。要解决乡村人才流失和留守人员收入问题，关键在于发展乡村经济来拓宽农民就业增收渠道。可以说，就业数量和质量对人们的幸福感和社会包容性至关重要[1]。因为就业赋予人们社会收入、地位和接纳以及独立和有尊严地生活的能力[2]。相关研究也从另一角度提供了佐证：乡村产业发展不足导致的乡村贫困问题[3-4]。要解决乡村面临的"人口流失-经济衰退-生活品质下降-人口继续流失"的恶性循环，首先就需要振兴村庄的产业，这样才能为乡村振兴创造条件。

农村电子商务在乡村振兴中的促进作用。随着互联网的广泛应用，特别是，电子商务在农村地区的发展，很大程度上拓宽了乡村地区资源与外界市场衔接的渠道，让农户参与信息公开及有效沟通，促进了农产品上行和工业品下行，在村庄产业发展、农户增收、农户脱贫可行性能力提升、农户生活质量提高、农户创业就业等方面发挥了新的作用。Yi Sun 运用交易费用理论证明了农产品交易领域的 O2O 模式可以降低农户的交易成本，简化流通环节，从而促进农业稳定、农村发展和农民收入增长[5]。Frank Beurskens 认为电子商务可以作为一个协调机制，将加强企业规模增长趋势、农业企业合并以及培养更多的小型企业家[6]。黄云平研究发现，电子商务不仅实现贫困农户收入的增加，而且促进了贫困农户脱贫能力和生活质量的提升[7]。也有学者认为在农村发展电子商务能够极大地激发、强化新一代农民的创业理性和潜能[8]。

国家对农村发展电子商务的政策扶持，加速资源要素向乡村集聚。为了解决乡村发展的人才、资金、技术等关键要素流出、农民增收、产业发展等问题，充分发挥电子商务在乡村振兴中的作用。国家先后出台了一系列鼓励农村电子商务发展的相关政策，国务院近年来先后颁布了《关于积极推进"互联网＋"行动的指导意见》及《关于促进农村电子商务加快发展的指导意见》等多项政策措施，为全面部署指导农村电子商务健康快速发展提供了良好的政策环境。2014—2019 年连续 6 年的中央 1 号文件都明确提出发展农村电子商务。在国家政策持续推动下，中国农村电子商务得到快速发展，在农村网络零售额、农产品销售额、农产品品牌建设、脱贫等方面作用比较明显，尤其是在淘宝村①、淘宝镇②数量上增长较快，加速资源要素在乡村集聚。

　　浙江省政府相关部门的高度重视促进了浙江农村电子商务发展始终走在全国前列。在中央政府和国家部委推动下，地方政府部门为了加快农村电子商务发展，也出台了一系列政策措施。尤其是浙江省在这方面表现较为凸显。从2010 年浙江省政府把发展农村电子商务作为一项政策之后，不断重视和发展农村电子商务，制定了《"电子商务进万村工程"实施方案》（浙商务联发〔2013〕44 号）和《浙江省商务厅关于启动淘宝网"浙江特色馆"建设工作的通知》（浙商务电商发〔2014〕69 号）等措施。正是在省政府及地方政府出台的一系列政策措施推动下，浙江省农村电子商务发展始终走在全国前列，到2018 年 8 月为止，在全国淘宝村中，浙江最多，拥有 1 172 个，占全国36.60％。同一时期的淘宝镇中，浙江省最多，拥有 128 个，占全国 35.26％，位居首位。③ 这说明浙江省淘宝村集群④化发展的特征尤为显著。此外，浙江省在农村电子商务发展过程中，也涌现出诸多典型模式，比如：丽水模式、遂昌模式、缙云的北山模式、义乌的青岩刘模式和江北下朱村"网红模式"等市域、县域、村域发展模式，这些成功模式已经成为省域内甚至全国许多地区参观学习或效仿的对象。不得不看到的是，浙江省农村电子商务发展，客观上促进了乡村产业发展、农户增收、人才回流、农产品销售、乡村文化融合、生态

---

　　① "淘宝村"：阿里研究院对"淘宝村"的认定标准主要包括：①交易场所：经营场所在农村地区，以行政村为单元；②交易规模：电子商务年交易额达到 1 000 万元以上；③网商规模：本村活跃网店数量达到 100 家以上，或活跃网店数量达到当地家庭户数的 10％以上。

　　② "淘宝镇"：阿里研究院认为，一个乡镇或街道的淘宝村大于或等于 3 个，即为"淘宝镇"。

　　③ 数据来源：《2018 中国淘宝村研究报告》。

　　④ 中国淘宝村研究报告（2016）中定义"淘宝村集群"：指的是由 10 个或以上淘宝村相邻发展构成的集群，网商、服务商、政府、协会等密切联系、相互作用，电子商务交易额达到或超过 1 亿元。若相邻的淘宝村数量达到或超过 30 个，则称为"大型淘宝村集群"。

环境保护等方面作用。

然而，农村电子商务发展存在省域之间与省域内不平衡性。经过多年发展，农村电子商务在增强乡村解决问题的内生能力、扩大市场手段、带来乡村信息资源共享、促进乡村高效率的经济活动等方面贡献较大。也同时显露出诸如顶层设计缺失、资源统筹不足、基础设施薄弱、区域差异明显等问题。从全国看，农村电子商务发展也存在区域不平衡性。以淘宝村分布为例，朱邦耀等采用中国"淘宝村"分布数据为基础，借助 Arc GIS 和 Geo DA 等分析工具，对"淘宝村"的分布格局进行分析。结果表明："淘宝村"空间分布具有沿南北向扩散的格局，东南沿海的江苏、浙江、广东、福建等省分布密度较高[9]。从省域内看，比如：浙江省农村电子商务在多方主体共同推动下实现了快速发展的同时，其区域内也存在极其不平衡性。以淘宝村、淘宝镇分布为例，从淘宝村分布来看，2018 年"淘宝村"主要分布在台州、温州、金华、杭州、嘉兴、宁波六个地区，其中温州和金华"淘宝村"较多，而绍兴、丽水、湖州、衢州、舟山没有发现淘宝村。从淘宝镇分布来看，2018 年淘宝镇较多的地区有台州、金华、温州、宁波，由于绍兴、丽水、湖州、衢州、舟山没有发现淘宝村，也就不存在淘宝镇现象，更不存在淘宝村呈现集群发展现象。以上数据见表 1-1。

表 1-1　2018 年浙江省淘宝村、淘宝镇分布

地级市	淘宝村数	淘宝镇个数
台州	203	22
温州	254	20
金华	245	21
杭州	126	6
嘉兴	113	7
绍兴	—	—
宁波	131	20
丽水	—	—
湖州	—	—
衢州	—	—
舟山	—	—

数据来源：《中国淘宝村研究报告 2018》，数据截止到 10 月份。

由于农户是农村电子商务发展的主要参与主体，也是最大的受益者，而农村电子商务发展存在区域不平衡性，必然存在不同省份之间以及省域内区域之间农村电子商务发展对农户效益的差异性。

综上，保持高速增长态势的农村电子商务已经成为经济发展的亮点，受到了多方高度关注。在当前市场虚拟化环境下，推进中国农村电子商务发展是有效解决小农户与大市场矛盾、农产品上行与工业品下行问题、提高农户参与市场竞争力的路径选择之一。而提高农村市场份额、开拓农产品市场新业务是中国农村经济发展的一项重要任务，在这方面，农村电子商务的作用将越来越凸显。然而，中国农村电子商务发展还处于起步阶段，其价值贡献尚未充分显现，人们对其价值贡献的认知尚浅，加之各个省份之间发展还存在极度不均衡现象，而浙江省农村电子商务发展却能够脱颖而出，其价值贡献研究尚无迹可寻，很多经验、模式可以借鉴，值得推广。而农户是农村电子商务发展的主要参与主体，也是最大的受益者。因此，基于农户视角，选择农村电子商务发展最好的浙江省作为研究区域，开展农村电子商务发展的价值贡献研究，有助于加强对农户微观视角下电子商务发展特性的理解，加深对农户微观视角下农村电子商务发展价值贡献的认知，为更好地利用这一新型手段，有效解决当前农户面临的增收、脱贫能力、生活质量提升、创业就业等方面的问题，这是本书要达到的目的之一。与此同时，由于浙江省域内经济发展水平不同，势必造成省域内地区之间农村电子商务发展存在不平衡性，由此带来不同地区农村电子商务发展对农户的价值贡献存在差异性，以及对不同参与主体农户的价值贡献的差异性。因此，需要找出造成这种差异性的背后原因，并针对这些原因，为进一步促进浙江省农村电子商务更快更好的发展提出相应的对策建议，这也是本研究的落脚点。

1.2　研究的意义

信息技术加剧了市场虚拟化演进，农村电子商务发展对农村、农业、农民的影响作用变得快速而重大，正在从根本上革新着农村传统交易方式，农村电子商务发展趋势成为必然。同时浙江省作为东部发达地区且农村电子商务发展势头强劲，其农村电子商务发展对"三农"价值贡献较为显著。但目前学界关于农村电子商务发展的价值贡献的形成机理与评价的研究很少，为更好地利用这一新的技术手段为"三农"服务，客观上要求理论工作者加强科学研究，为实践深化与政策制定提供理论指导和经验证据。因此，在当前研究农村电子商务发展的价值贡献问题有着重要的理论意义和实际应用意义。

1.2.1　理论意义

农村电子商务是中国独特的一种经济现象，其发展的价值所形成的机理机制尚无迹可循，相关的理论也还不完善。本研究尝试借鉴逻辑理念模型框架思路，构建农村电子商务发展的价值贡献理论分析框架（IPOV），研究农村电子商务发展的价值贡献形成机理，揭示农村电子商务发展的价值贡献形成机理的一般规律，为后续研究提供一个理论基础，尤其是构建一个农村电子商务发展的价值贡献体系，进一步完善农村电子商务理论。

1.2.2　现实意义

中国农村电子商务发展还处于起步阶段，各个省份之间发展还存在极度不均衡现象，而浙江省脱颖而出，很多经验可以借鉴，值得推广。农户是农村电子商务发展的主要参与主体，也是最大的受益者。因此，基于农户视角，选择农村电子商务发展最好的浙江省作为研究区域，开展农村电子商务发展的价值贡献研究，有助于加强对农户微观视角下电子商务发展特性的理解，加深对农户微观视角下农村电子商务发展的价值贡献的认知，为国家和地方政府更好地利用这一新型手段，制定政策提供现实指导与借鉴，有效解决当前农户面临的增收、脱贫能力、生活质量提升、创业就业等方面的问题具有重要现实意义。同时，通过对浙江省农村电子商务发展的价值贡献的实证分析，探究不同地区农村电子商务发展的价值贡献的不平衡性以及其对不同参与主体农户的价值贡献的差异性的原因，并针对这些原因提出相应的对策建议，进一步促进浙江省农村电子商务更快更好发展。

1.3　研究目标

本书选择全国农村电子商务发展最早、规模最大、案例比较典型的浙江省作为研究区域对象，在界定和辨析相关概念以及对国内外已有相关文献进行回顾的基础上，理论与实证相结合依序对农村电子商务发展价值贡献形成机理、基于农户视角的浙江省农村电子商务发展价值贡献模型构建、基于农户视角的浙江省农村电子商务发展价值贡献的实证分析、基于农户视角的浙江省农村电子商务发展典型案例等议题展开研究，试图实现以下的研究目标：

第一，揭示农村电子商务发展的价值贡献形成机理，增进对农户参与农村电子商务活动的认知。

第二，构建基于农户视角的农村电子商务发展价值贡献体系，探索农户参与农村电子商务活动程度对农户的价值贡献之间的关系，并探究其缘由。

第三，通过对农村电子商务典型案例分析，总结其经验做法，为全国其他省区站在农户角度推动农村电子商务发展提供经验借鉴。

第四，为政府加快农村电子商务发展提供政策建议。

1.4 研究内容

本研究借鉴逻辑理念模型框架思路分析农村电子商务发展的价值贡献形成机理，在此基础上，以浙江省调研数据对浙江省农村电子商务发展的价值贡献逻辑关系进行检验和农村电子商务发展带来的经济、社会、文化、生态价值贡献进行实证分析，以二手资料与访谈资料对浙江省农村电子商务发展的典型案例进行深入剖析，总结其经验、做法及启示。最后，提出加快浙江省农村电子商务发展的对策建议。

本研究的具体内容如下：

第1章是导论。主要从研究背景、意义方面来明确本研究的必要性，对文章研究框架进行架构，并在此基础上明确研究方法和技术路线，对文章可能出现的创新之处进行详细说明。

第2章是相关理论研究及国内外研究动态。首先对文中涉及的相关理论进行归纳总结，并就每种理论与本书研究主题进行深入分析和阐释。接着对国内外农村电子商务发展模式、影响因素、价值等进行整理与总结。

第3章是浙江省农村电子商务发展状况。从宏观和微观两个层面对浙江农村电子商务的发展现状、发展特性等进行探讨。

第4章是农村电子商务发展的价值形成机理。借鉴逻辑理念模型框架思路构建农村电子商务发展的价值形成机理的理论分析框架（简称 IPOV 框架），从农户视角探讨农村电子商务发展的价值形成机理，从投入、过程、产出、价值4个环节分析农村电子商务在不同发展环节上所呈现的表征。

第5章是基于农户视角的农村电子商务发展价值贡献模型构建与检验。根据农村电子商务发展的价值形成机理的理论分析及价值贡献的理论依据，构建一个浙江省农村电子商务价值贡献理论体系，通过调研数据，运用结构方程模型对浙江省农村电子商务发展的价值贡献的维度进行检验，进而形成一个完整的浙江省农村电子商务发展的价值贡献理论体系。

第 6 章是基于农户视角的浙江省农村电子商务发展的价值贡献实证分析。在对第 5 章基于农户视角的浙江省农村电子商务发展的价值贡献模型构建与检验基础上，本章根据第 5 章结构方程模型的路径系数并结合调研数据对浙江省农村电子商务发展对农民收入、产品销量、网络购物、生产方式、返乡就业、生活方式、乡风文明、生态产品等经济、社会、文化、生态 4 个方面价值贡献进行深入分析，探究不同地区农村电子商务发展的价值贡献的不平衡性以及其对不同参与主体农户的价值贡献的差异性的原因。

第 7 章是基于农户视角的浙江省农村电子商务发展的价值贡献的典型案例分析。首先根据第 4 章农村电子商务发展理论分析框架，结合案例区实际情况，并借鉴迈克尔·波特的钻石模型结构，鉴于本章研究涉及的范围，将案例区农村电子商务发展理论分析框架进行了简化，得到典型案例区农村电子商务发展的影响因素分析框架，对收集二手典型案例区农村电子商务发展的相关文字资料进行归纳提炼，形成案例区农村电子商务发展形成机理。然后，在第 5 章、第 6 章定量分析基础上，采用定性分析方法，根据主题与内容的关联性对案例区被访谈者口语资料进行概念化、范畴化，深入探讨案例区农村电子商务发展对农户的经济、社会、文化、生态等方面的价值贡献，以弥补第 5 章、第 6 章定量研究的不足。在此基础上，通过高度凝练，提出经验启示。

第 8 章是主要结论与对策建议。将对本文的主要结论进行整理，并针对第 6 章基于农户视角的浙江省农村电子商务发展的价值贡献的不足之处，提出一系列加快浙江农村电子商务发展的对策建议。

1.5　研究方法

本研究将综合采用多种研究方法与分析技术来完成研究任务，以实地问卷调查与访谈为基础，注重定量分析与定性分析相结合。具体研究方案如下：

（1）文献阅读法

本研究问题的提出、研究框架的构思都是建立在大量的文献阅读、总结与归纳的基础上。本研究对有关农村电子商务发展的变量设置进行了详细的研读，并结合浙江农村电子商务发展的实际情况对有关测量项目进行修正，为问卷的设计和数据资料的获取奠定良好的基础。

（2）描述性与推断性统计分析方法

本研究主要采用频数分析方法对浙江农村电子商务发展的基本情况进行描述性统计及其价值贡献进行推断统计。数据主要来源于浙江省农村电子商务调查问卷与浙江省农村电子商务发展报告。

（3）社会调查法

一方面，从宏观角度对统计资料进行分析处理；另一方面，对样本所在的不同区域进行多轮的田野调查，以收集微观资料。在此基础上，再对相关资料与数据进行定量与定性的分析。

在实证研究过程中，主要应用社会调查法中的问卷调查与访谈法。本研究采用分层抽样方法对浙江省区域范围内的农户进行问卷调查与访谈。

（4）结构方程模型

结构方程模型是一种建立、估计和检验因果关系模型的方法，模型中既包含有可观测的显在变量，也可能包含无法直接观测的潜在变量，清晰分析单项指标对总体的作用和单项指标间的相互关系，即因子与题目之间的关系和因子与因子之间的关系要同时考虑，同时，计算不同模型对同一个样本数据的整体拟合程度，从而判断哪一个模型更接近数据所呈现的关系。本研究应用AMOS软件，采用一个一阶结构方程模型和一个高阶结构方程模型对农村电子商务的价值贡献模型进行验证性因素分析，对模型的收敛和区别效度等重要属性进行检验。

（5）案例分析法

本书将采用案例研究的方法，在样本区选择典型案例，采用定性材料对典型案例区农村电子商务发展形成机理、作用过程进行深入剖析。案例研究方法是一种十分重要的社会科学研究方法，在有限的数据和样本情况下，可以利用案例研究方法来发现和分析问题，以弥补有限样本下的数据分析不足。本书借鉴迈克尔·波特的钻石模型结构，根据收集的二手典型案例区农村电子商务发展的相关文字资料进行归纳提炼，形成案例区农村电子商务形成机理。根据农村电子商务发展的价值贡献模型对被访谈者口语资料根据主题与内容的关联性进行概念化、范畴化，形成案例区农村电子商务发展对农户的经济、社会、文化、生态等价值贡献。

1.6　研究技术路线图

本研究遵循"提出问题-分析问题-解决问题"的逻辑主线，基于研究目标与内容设计全书的技术路线图，见图 1-1。

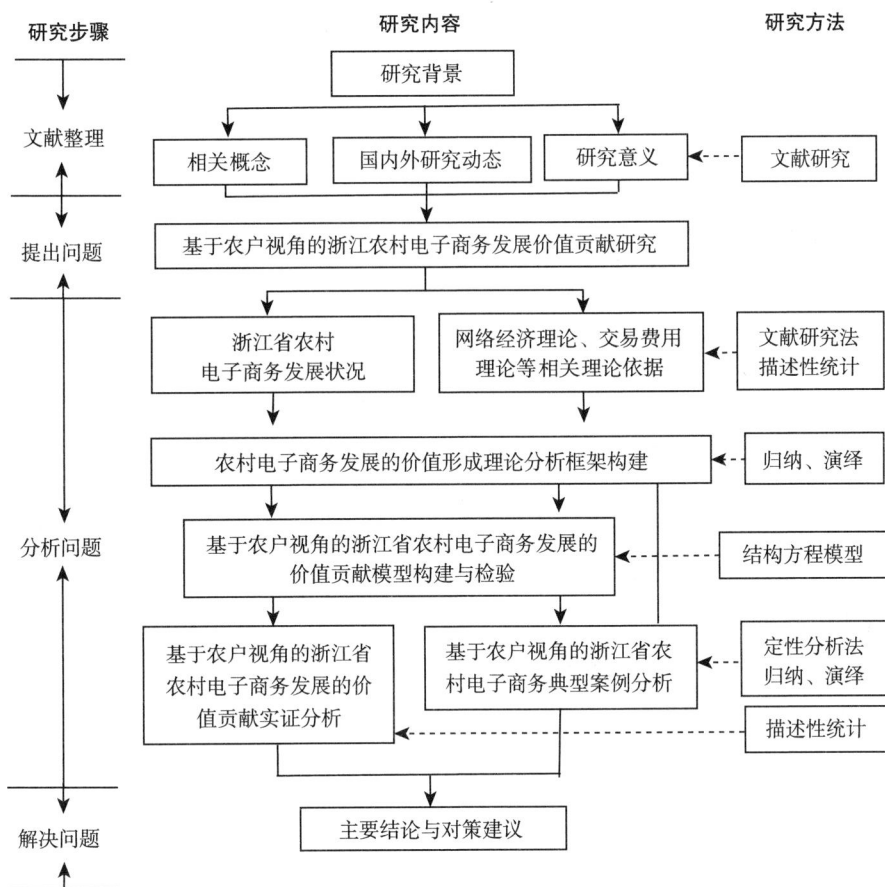

图 1-1　技术路线图

1.7　研究的创新与不足

1.7.1　可能的创新

与已有相关研究文献相比，本书的创新之处可能有两个方面：

1.7.1.1 在研究思路上

本研究从理论层面相对系统地梳理了农村电子商务发展的价值形成机理，运用结构方程模型对浙江省农村电子商务发展的价值贡献指标进行筛选，在此基础上，采用定量与定性两种分析方法对浙江省农村电子商务发展的价值贡献进行较为系统研究，是对已有文献的一个补充。已有文献也开始注意到农村电子商务发展的价值形成机制及农村电子商务发展的价值贡献，但多数文献只是从某一方面或只对部分形成机制及价值贡献进行梳理。

1.7.1.2 在研究内容上

（1）本书根据农户参与程度将农户细分为不同的类型，即网商农户、供应商农户、网供商农户，并进行相应的概念界定。在此基础上，分别分析农村电子商务发展对这三种类型的参与农户的价值贡献差异，某种程度上是对农村电子商务研究内容的拓展。已有文献多为就某一类型参与农户的研究，将不同类型参与农户纳入同一框架来分析研究的还比较少。

（2）本书也对经济发达、经济中等、经济欠发达三个区域板块进行实证分析，弥补了现有文献的不足。现有研究只是就某一区域农村电子商务发展的价值贡献进行分析，忽视了不同区域的差异。不同区域之间经济发展程度以及农村电子商务发展条件各不相同，农村电子商务发展的价值贡献或许存在区域差异。

1.7.2 不足之处

鉴于本书按照先构建理论分析框架，再进行实证研究，实证研究规范范式，考虑到现实当中有些变量数据的可获得性，所以，在经济价值和社会价值的变量选择上相对较多。因此，以后研究将继续完善这方面的不足之处。

第 2 章　相关理论及国内外研究动态

2.1　农户视角下的农村电子商务的主体分类与概念界定

2.1.1　主体分类

在农村电子商务发展过程中，农户是主要参与主体，在农村电子商务发展的供应链上，农户参与程度会影响其增收水平。有学者研究已经证实电商农户与非电商农户收入有显著差异。曾亿武学者将农产品淘宝村中的农户分为电商农户与非电商农户，并开展了调查研究，实证结果表明：电商农户总收入均值为 12.27 万元，非电商农户总收入均值为 7.07 万元，电商农户总收入均值比非电商农户总收入均值高出 5.20 万元，也就是说，采纳电子商务的农户与不采纳电子商务的农户之间收入存在显著差异[10]。不难发现，曾亿武学者没能将电商农户进一步细分为专业电商农户与非专业电商农户。而在本研究前期调研过程中，笔者发现有一些电商农户出于利益最大化，不仅将自己生产的产品在网络平台上进行销售，而且还给其他电商农户提供网货，且两类电商农户收入存在差异性。基于此，本研究将根据供应链环节，将参与农村电子商务发展的农户分为，网商农户、供应商农户、网供商农户，以便在曾亿武学者研究成果的基础上，进一步深入探讨农村电子商务发展对不同参与主体的价值贡献的差异性。接下来本小节将对网商农户、供应商农户、网供商农户三类参与主体进行概念界定。

2.1.2　网商农户、供应商农户及网供商农户概念界定

2.1.2.1　网商农户

2018 年商务部公布的《中华人民共和国电子商务法》中规定：电子商务经营者是指通过互联网等信息网络从事销售商品或者提供服务的经营活动的自然人、法人和非法人组织，包括电子商务平台经营者、平台内经营者以及通过自建网站、其他网络服务销售商品或者提供服务的电子商务经营者。其中，还

规定：平台内经营者是指通过电子商务平台销售商品或者提供服务的电子商务经营者。由于本书研究是基于农户视角，研究对象是农村电子商务，因此本研究将网商农户界定为通过电子商务平台销售商品或者提供服务的具有农村户口的电子商务经营者。

2.1.2.2 供应商农户

2006 年商务部公布的《零售商供应商公平交易管理办法》中规定：供应商是指直接向零售商提供商品及相应服务的企业及其分支机构、个体工商户，包括制造商、经销商和其他中介商。或称为"厂商"，即供应商品的个人或法人。供应商可以是农民、生产基地、制造商、代理商、批发商（限一级）、进口商等。马士华、林勇依据供应商拥有的增值能力以及竞争力的强弱大小，将供应商分为普通供应商、有影响力的供应商、竞争性/技术型供应商、战略供应商[11]。考虑到本书是基于农户视角，把农村电子商务作为研究对象，因此，本研究将供应商农户界定为给各类网商提供商品及相应服务的具有农村户口的农户。

2.1.2.3 网供商农户

在上述网商农户和供应商农户两个概念的基础上，本书将既通过电子商务平台销售商品或者提供服务又给各类网商提供商品及相应服务的具有农村户口的农户界定为网供商农户。

2.2 理论依据

2.2.1 网络经济理论

从 20 世纪六七十年代开始，人们发现信息与市场结构的关系，是影响经济行为的重要因素[12]。20 世纪 90 年代初，网络经济开始在美国兴起，其得益于信息网络技术在商业领域的运用，以网络平台开展的各种经济活动得到了迅速发展[13]。网络经济就是数字经济，是一种新的生产力，也是一个具有跨时空运作、速度型、创新型、竞争与合作并存性、消减交易环节等经济特征的虚拟市场。网络应用越广价值越大，商品价格也就越反映供求变化的市场价格[14]。同时，网络经济存在外部效应，具有网络信息聚合-协同效应，经济活动不再遵循一般均衡分析[15]。此外，随着网络经济时代的到来，相应的消费与生产合一、"拉"式消费、效用递增、收入约束弱化、消费对象软化、无边界消费、群势效应等网络消费理论也随之出现[16]。

农村电子商务本身就是网络经济的一种表现形式，其具有跨越时空运作、速度型，给农户产品提供广阔的虚拟市场和快速传播，扩大产品销售范围与规模。农村电子商务发展使农户产品销售环节消减，降低农户搜寻成本，减少农户交易费用。农村电子商务发展也带来了农户产品销售模式创新，实现了越来越多农户利用网络销售平台开展创新创业。随着越来越多的农户进入网络销售平台，使得网络销售的产品同质化趋向严重，"竞次竞争"开始出现，其结果造成网商农户在竞争中逐渐被市场淘汰，而农户之间开展合作是化解危机的有效办法。从农户作为消费者来看，电子商务在农村应用越广泛，使农户越能够购买到反映供求变化的市场价格的商品。农村电子商务也同样存在外部性，由于农户加入某个网络销售平台会使该网络销售平台中的其他农户效用增加，进而整个网络销售平台的总效用也会增加，该网络销售平台的外部性在这里呈正效应。当然农村电子商务也具有部分的排他性特征，因为运用电子商务需要一定的技能知识和交付一定的费用与成本。此外，网络消费理论也能很好地说明农村电子商务发展的广阔前景。

2.2.2　交易费用理论

交易费用理论主要以华盛顿学派为代表，以诺斯（North）和张五常为代表人物。1991 年诺斯（North）将交易费用扩大到人际交往的所有范围[17]；1999 年张五常认为人们在经济活动中所有的成本都属于交易成本[18]。该理论根据发生的时间先后，可以分为事前交易费用和事后交易费用[19]。该理论根据交易环节，可以分为直接交易和间接交易。在直接交易中，买卖双方的商品和资金交付同时完成，也就是"一手交钱，一手交货"。在交易顺利进行时，资金由买方流向卖方，商品由卖方流向买方，直接交易中商品、信息和资金三种市场流动同时在买卖双方之间进行。间接交易是指在直接交易之间增加一个中介来完成的交易，作为中介可能是商品中介、信息中介、资金中介，或兼而有之。在间接交易中，因为中介的存在，使得信息流、商品流、资金流实现了分离，由第三方承担了某一种或几种市场流动。

借助交易费用理论，可以解释当下以网络平台交易为基础的农村电子商务。数字经济时代最重要的交易方式——网络平台交易，买卖双方直接进行交易，平台承担一定的准入和监管功能。卖家有义务如实披露商品信息，并及时更新物流运输状况，第三方支付平台担保资金的收付，信息流、商品流、资金流在交易进行的过程中实现了汇聚，形成了三流合一，为平台交易带来了巨大的优势。相比于直接交易和间接交易，平台经济中的交易成本进一步地下降，具体表现在信息、商品和资金的流动成本都在下降[20]。交易费用主要发生在产品生产、经营、销售环节，为农户采纳电子商务行为提供理论依据。农村电子商务的开展会使农户市场交易成本明显降低，农户在产品交易环节具有明显的成本效益，真正具有成本效益的交易环节会相对缩小，如图2-1中A区和C区，农户所关注的交易环节会更加减少，如图2-1中B区。如图2-1所示，其中横轴表示农户的交易环节，纵轴表示某交易成本。农村电子商务的发展使信息传播的范围扩大和速度加快，形成数量众多的网络消费群体，农户可以借助网络销售平台直接与消费者进行交易，农户最终通过市场交易成本来确定自身的交易环节[21]。本书第4章农村电子商务网络平台及第7章价值贡献应用该理论进行了分析研究。

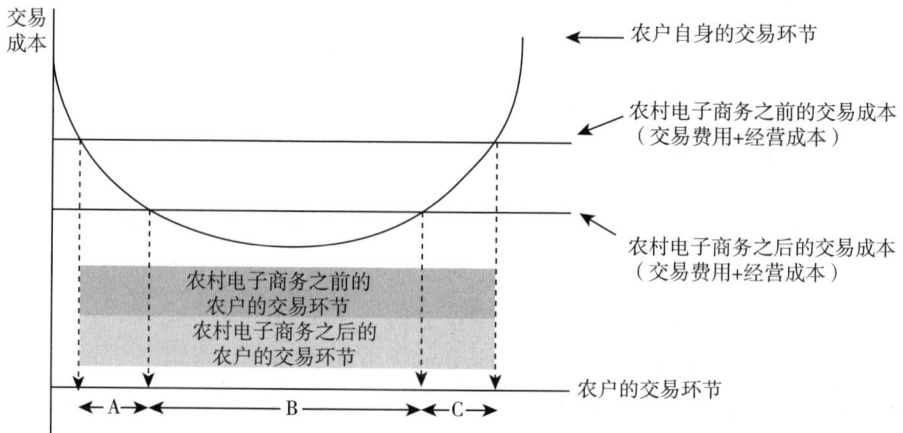

图2-1 农村电子商务与交易费用

2.2.3 农村电子商务理论

2.2.3.1 农村电子商务概念界定

电子商务通常是指在全球各地广泛的商业贸易活动中，在因特网开放的网络环境下，基于客户端/服务端应用方式，买卖双方不谋面地进行各种商贸活动，实现消费者的网上购物、商户之间的网上交易和在线电子支付以及各种商务活动、交易活动、金融活动和相关的综合服务活动的一种新型的商业运营模式。各国政府、学者、企业界人士根据自己所处的地位和对电子商务参与的角度和程度的不同，给出了许多不同的定义。电子商务的主要模式有ABC、

B2B、B2C、C2C、B2M、M2C、B2A（即 B2G）、C2A（即 C2G）、O2O 等模式。2015 年国务院办公厅公布的《国务院办公厅关于促进农村电子商务加快发展的指导意见》（国办发〔2015〕78 号）中明确表示：农村电子商务是转变农业发展方式的重要手段，是精准扶贫的重要载体。通过大众创业、万众创新，发挥市场机制作用，加快农村电子商务发展，把实体店与电商有机结合，使实体经济与互联网产生叠加效应，有利于促消费、扩内需，推动农业升级、农村发展、农民增收。

根据电子商务定义及《国务院办公厅关于促进农村电子商务加快发展的指导意见》中的关于发展农村电子商务的作用表述，结合本书研究区域，将农村电子商务界定为在电子商务交易过程中，至少有一方所处的地理位置在农村地区，且交易双方通过网络平台不谋面地进行各种商贸活动，实现消费者的网上购物、商户之间的网上交易和在线电子支付以及各种商务活动、交易活动、金融活动和相关的综合服务活动的一种新型的商业运营模式。农村电子商务的模式主要有农产品上行的 F2C、F2M2C、F2M2B 和工业品下行的 B2C、B2M2C 商务模式。

2.2.3.2　农村电子商务的模式

（1）农产品上行 F2C 商务模式

农产品上行 F2C 模式中，F 为农户，C 为消费者。农户通过农村电子商务网络平台为载体发布农产品价格、品种、数量、产地等相关信息，消费者则通过网络平台获取并浏览该农产品信息，通过线上实现订购、物流选择等。农产品运输通过第三方物流系统，农产品货款通过第三方支付系统，如图 2-2 所示。

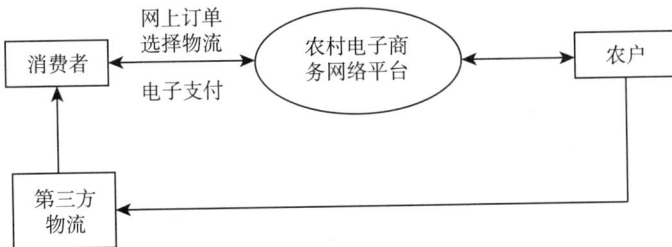

图 2-2　农产品上行 F2C 商务模式

（2）农产品上行 F2M2C 商务模式

农产品上行 F2M2C 模式中，F 为农户，M 为农村经纪人、农村合作社或第三方机构等中介组织，C 为消费者。中介组织把分散的农户手中的农产品进行收购，通过农村电子商务网络平台为载体发布农产品价格、品种、数量、产地等相关信息，消费者则通过网络平台获取并浏览该农产品信息，通过线上实现订购、物流选择等。农产品运输通过第三方物流系统，农产品货款通过第三方支付系统，如图 2-3 所示。

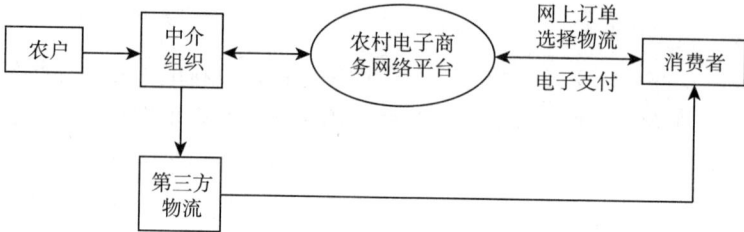

图 2-3　农产品上行 F2M2C 商务模式

（3）农产品上行 F2M2B 商务模式

农村电子商务平台在农产品上行 F2M2B 模式中起到了至关重要的作用，这种模式适合大中农产品销售。F 为农户，M 为农村经纪人、农村合作社或第三方机构等中介组织，B 为农产品销售、流通和加工企业。中介组织把分散的农户手中的农产品进行收购，通过农村电子商务网络平台为载体发布农产品价格、品种、数量、产地等相关信息，农产品销售、流通和加工企业则通过网络平台获取并浏览该农产品信息，通过线上或线下进行业务洽谈、价格商谈、合同订立等。农产品运输通过第三方物流系统，农产品货款通过第三方支付系统，如图 2-4 所示。

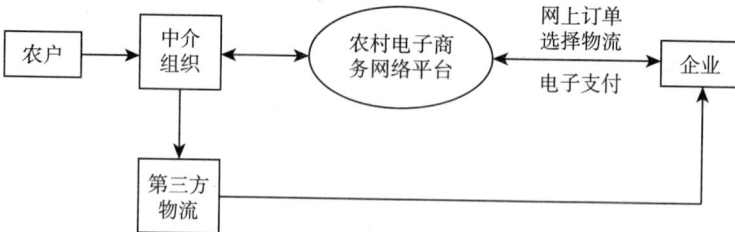

图 2-4　农产品上行 F2M2B 商务模式

（4）工业品下行 B2C 商务模式

工业品下行 B2C 商务模式中，B 为农资、生活消费品企业，C 为农村消费者。企业通过农村电子商务网络平台为载体发布农资、生活消费品相关信息，农民则通过网络平台获取并浏览该农资、生活消费品信息，通过线上订购、支付等。农资、生活消费品运输通过第三方物流系统，农资、生活消费品货款通过第三方支付系统。如图 2-5 所示。

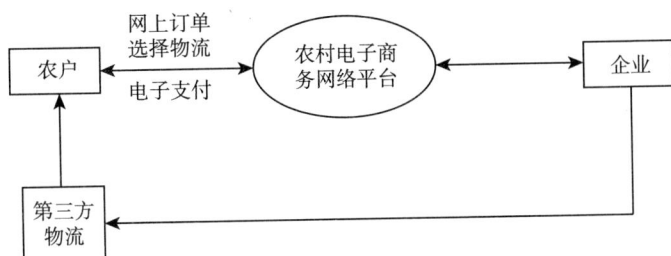

图 2-5　工业品下行 B2C 商务模式

（5）工业品下行 B2M2C 商务模式

工业品下行 B2M2C 商务模式是 B2B、B2C 中之间引入一个供销中介 M，M 为农业协会或者合作社、农业龙头企业、政府部门等，B 为农资企业，C 为农村消费者。企业通过农村电子商务网络平台为载体发布农资相关信息，供销中介收集农民农资需求信息则通过网络平台获取并浏览该农资信息，通过线上或线下进行业务洽谈、价格商谈、合同订立等。农资运输通过第三方物流系统，农资货款通过第三方支付系统。如图 2-6 所示。

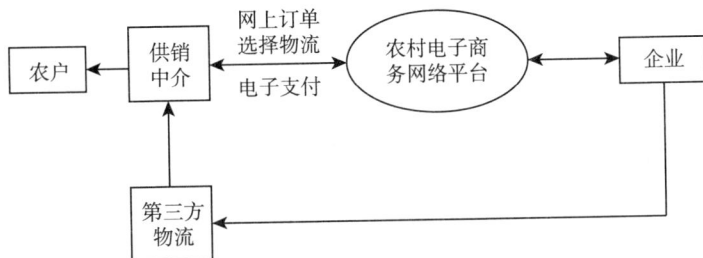

图 2-6　工业品下行 B2M2C 商务模式

此外，随着移动互联网迭代升级，出现网络直播销售的模式，指农户通过网络平台实况直播农产品情况，给消费者一种更加直观的感受。该模式的最大优点就是消费者可以购买到满意的农产品，可以快速吸引眼球并积累用户，打造品牌聚合效应，销售速度快，重复购买率较高。该农村电子商务模式作为主流电子商务 F2C 模式的延伸模块，可丰富消费者的网络购物体验。

2.2.3.3　农村电子商务特征

电子商务在乡村的运用表现出独特的表征。主要体现在以下几个方面。

（1）农产品营销多元化

农村电子商务方式下可以使农产品营销多样化，可实施农产品订单化生产，差异化生产策略，农户可以通过网络广告将农产品快速推向市场，采用多媒体促销手段，同时农村电子商务可以轻松实现农户与消费者的在线互动，如在线咨询、订购、查询等功能。

（2）货款支付数字化

农村电子商务实现货款支付数字化特征，消费者在线下单订购商品后，通过微信、支付宝等第三方支付系统，实现货款网络化、数字化在线支付结算方式，可极大地方便消费者和售卖者。

（3）物流运输时效性

农村电子商务发展实现农产品线上订购、线下物流配送。这就需要建立发达的乡村物流配送体系，物流与信息流、商流在同一时空当中进行。农村电子商务最大的优势在交易的高效性和便捷性，物流运输渠道须适应电子商务的快速发展，物流配送的速度和质量直接关系消费者的购物体验。

（4）交易无边界化

农村电子商务发展是基于互联网而形成并发展起来的，网络的开放、互联、无边界特征使农村电子商务必然突破时空限制从而具备全球化特征，农村电子商务是一种无边界网络交易，地理因素对其影响程度大大减弱。农户通过网络平台可以快速、低成本地将农产品展现给客户，消费者也可以低价、便捷地实现更多的消费选择，各类经济主体在最大范围内和最大程度地实现互利共赢。

（5）交易便利化

农村电子商务拓宽了销售渠道，农户可以通过网络交易平台直接会面批发商和消费客户，建立农产品直销渠道，剔除了许多中间交易环节，实现了"农户-消费者"直销效果，节省众多的中间环节和较高的中间成本。农村电子商务可以使农户形成自主掌控的市场销售渠道，掌握交易链条当中的主动权，同时，农户直销模式可以直接获取来自目标市场对农产品的反馈信息，有利于及时了解客户对农产品的需求。

2.2.4 资源禀赋理论

亚当·斯密、李嘉图等从自由市场的稀缺层面研究了经济与自然资源的关系，认为自然资源的稀缺可以通过市场价格机制得到解决[22]。20 世纪初，瑞典经济学家赫克歇尔和俄林为了解释李嘉图比较优势理论，提出了资源禀赋学说。俄林认为，应将资本、土地、技术等生产要素与劳动力放在一起来考察生产产品费用。同时，他认为一国的比较优势产品，也应为其出口产品，是他需在生产上密集使用该国相对充裕而便宜的生产要素生产的产品[23]。

借助该理论，可以解释当前以资源禀赋为导向的农村电子商务发展。在本书第 4 章和第 7 章中，都涉及资源禀赋对农村电子商务发展的作用。以资源禀赋为导向的农村电子商务发展中，资源的垄断至关重要，占有农村资源禀赋的能力大小是农户在从事电子商务活动中保持竞争优势的关键。也可以说，在其他条件不变的情况下，拥有良好的地理位置、水质、土质等自然资源禀赋的村庄，发展农村电子商务成功率越高，相应的价值贡献就会越多。同样，拥有越充足的文化资源、劳动力资源等社会资源禀赋的村庄，越有利于发展农村电子商务，且成功率越高，越能够体现其价值贡献。

2.2.5　农户行为理论

农户行为理论主要以舒尔茨与波普金的理性小农学派和恰亚诺夫的道义小农学派为代表。舒尔茨认为传统农户是理性的，像资本主义企业家一样，利用特有的资源禀赋与技术，是追求利润最大化的理性行为主体。波普金也认为农户是理性的，其根据个人利益、偏好或家庭福利来决策自己的行为，是追求利润最大化的理性行为主体。与舒尔茨与波普金认为农户是完全理性的观点不同，西蒙则认为农户的理性是有限的，由于农户对知识、信息等方面掌握有限，因此，客观上使得农户难以追求利润最大化，而是在有限的条件下追求最为满意的效益。而道义小农学派恰亚诺夫认为处于温饱边缘的农户组织生产的首要目的是满足家庭的消费需求，而把追求利润最大化放在次要位置。

农户是农村电子商务发展的主要参与主体，其行为直接影响农村电子商务发展效果。根据农户是追求利润最大化的理性行为主体这一观点可以得出，在完全理性、完全信息假设条件下，农户采纳电子商务与消费者直接交易，实现利益最大化，农户成为网商。在有限理性、信息不完全假设条件下，农户决策行为存在两种可能性：第一，在有限理性、信息不完全假设条件下，一些农户通过学习电子商务相关技能知识，由有限理性、信息不完全条件上升为完全理性、完全信息条件，进而农户采纳电子商务与消费者直接交易，实现利益最大化，农户成为网商；第二，在有限理性、信息不完全假设条件下，农户为网商提供网货，追求最为满意的效益，农户成为供应商。根据道义小农学派观点可以推出，随着农户收入水平提高，消费向绿色、健康方向发展，一些农户把满足家庭健康消费需求放在首位，而把追求效用最大化放在次要位置，这部分农户可能会成为网络生态产品消费者。因此，农户行为理论可以综合起来解释不同类型农户参与电子商务程度。

2.2.6 产业集群理论

产业集群理论主要以亚当·斯密的分工协作理论、马歇尔的规模经济理论、巴格纳斯科的新产业区理论、布诺梭的"两阶段"模型为代表。亚当·斯密（Adam Smith）认为合理的劳动分工可以提高工作效率，从而增加更多的收入[24]。马歇尔将大量具有专业化分工联系的小型企业集中于特定的地区称作"产业区"，该"产业区"起源于自然禀赋和市场需求。同时，他认为人们之间的亲密关系所产生的知识溢出效应、寻找劳动力成本的降低以及生产辅助费用的减少有利于产业集群的发展[25]。巴格纳斯科（Bagnasco）提出"新产业区"的概念并将其定义为一组具有相同社会背景的企业或者人在一定的自然区域内共同形成的集合体。人们在创业初期更愿意选择熟悉和信任的区域作为创业的环境，因为这种环境包含有利于他们创业的文化、社会、传统和相关的政策等因素[26]。布诺梭（Bruso）提出"两阶段"模型，该模型第一阶段（Mark Ⅰ）是指没有政府干预的集群自发生长阶段，该模型第二阶段（Mark Ⅱ）是指当集群发展到一定阶段以后，政府或当地行业协会开始对集群的生长进行干预，并对集群提供各种各样的社会服务[27]。

根据产业集群理论，在农村电子商务发展过程中，起初是农户自发在自己熟悉的农村地区通过电子商务网络平台开始创业，随着网络技术在熟人社会中产生的知识溢出效应，更多农户加入其中，原有农户网店垄断经营利润开始趋向平均利润，当越来越多的农户加入时，农户为了减少经营成本以及降低生产辅助费用开始集聚发展。同时，当网商农户数量达到一定规模以后，政府在市场需求、规模效应推动下出台各类政策措施以鼓励与支持农村电子商务发展，逐渐形成包括网商、供应商以及第三方服务商等专业化分工的集聚效应。比如：电子商务村、电子商务镇就是网商、供应商以及服务商达到一定数量与规模而产生的一种现象。而电子商务产业园是政府在规模效应推动下出台各类政策措施以鼓励与支持农村电子商务集聚发展建立的产物。该理论主要用于第4章政策、空间载体、产业融合等分析及第6、7章价值贡献分析。

2.2.7　钻石模型理论

1989 年，美国学者迈克尔·波特提出著名的"钻石模型"理论，该理论模型包括四个关键因素与两个辅助因素，其中生产要素、市场需求、相关产业发展带动、企业战略和竞争是区域某种事物或产业竞争力的核心，而区域政府政策和机遇两变数同样在钻石模型中起着至关重要的作用，见图 2-7。然而，波特钻石模型在实际运用中也存在一些缺陷，国外学者在波特研究基础上对"钻石模型"进行了拓展。比如，Rugman 和 Cruz（1993）等将其拓展为"双重钻石模型"[28]；Moon，Rugman，Verbeke（1998）等人提出"一般化的双重钻石模型"[29]。国内学者根据自己的研究领域对钻石模型的缺陷进行修正，如芮明杰（2006）提出了产业竞争力的"新钻石模型"，在原有模型的基础之上，增加了"知识吸收与创新能力"[30]；税伟（2011）提出了地方产业集群竞争力的假设钻石模型，增加了"区域文化""外来投资"两个外生间接因素，并进行验证[31]。此外，国内学者对钻石模型运用给予高度评价，他们认为钻石模型是迄今为止最具影响力的产业国际竞争力理论[32]，尤其是利用波特的"钻石"模型分析形成产业竞争结果的原因以及预测未来竞争的趋势较佳[33]。同样，由于农村电子商务是信息化发展程度较高的新兴业态，不仅受传统的波特钻石模型的因素条件影响，而且也受像"知识吸收与创新能力""外来投资"

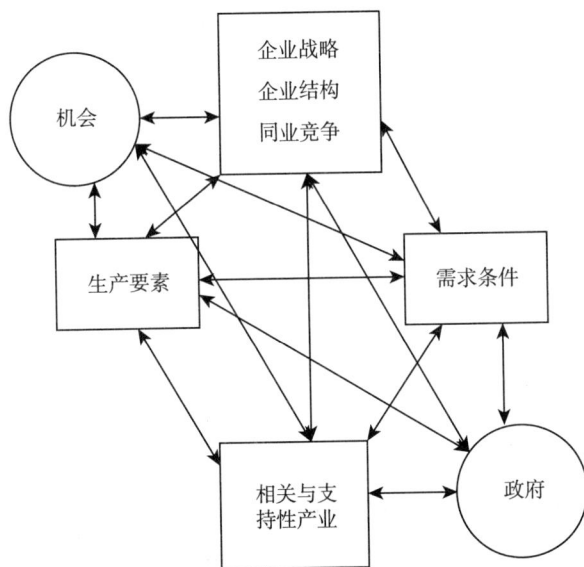

图 2-7　波特的"钻石模型"

"区域文化"等外生间接因素影响。

钻石模型理论主要运用于第 4 章和第 7 章关于农村电子商务影响因素及形成机理分析。钻石模型理论可以很好地解释农村电子商务发展的多种驱动力。农村电子商务发展离不开基本要素、行业要素、组织要素等资源要素的有效供给，农产品销售、农户生活、农村剩余劳动力转移等需求驱动，农业、农产品加工业、乡村旅游业以及围绕农村电子商务而日益成熟的相关配套服务业等产业支撑，政府和电商企业的战略推动。农村电子商务发展不仅与农户的利益有着密切的关系，而且对于农村产业竞争力提升与乡村振兴也具有重要意义，因此，有必要在新发展理念和乡村振兴战略背景下从农户发展的微观角度与乡村产业升级的中观角度全面分析驱动力。基于钻石模型理论，有两方面力量同时作用于农村电子商务发展的主体和客体上，从而影响着浙江省农村电子商务整体的发展水平。第一种力量来自农村电子商务发展外部环节，是浙江省农村电子商务发展的外部驱动力，如市场需求对浙江省农村电子商务发展的要求，倒逼浙江省农村电子商务发展，拉动浙江省农村电子商务发展水平向前迈进。同样，政府对农村电子商务发展的政策支持，必将带来资金、技术、人才等生产要素的进一步完善，乡村振兴战略的实施等发展机遇，使得浙江区域发展农村电子商务可以获得更多的资源支持和更大的市场，农村电子商务网络平台便利化、乡村物流发展等相关及支持性产业的快速发展可以促进农村电子商务的发展。此外，从农村电子商务发展过程来看，主要缺乏人才、技术、资金以及发展理念，这就需要吸收具有电商知识技术的人才以增强创新能力、承接外来投资以解决发展资金、利用区域文化以形成发展理念。

2.2.8 可行性能力理论

阿马蒂亚·森在《以自由看待发展》一书中提出了可行能力理论。森假定每个人都在可行的各种"活动"中，按照自己的标准选择最优组合，那么一个人能够实现的能力就可以通过他的实际选择而表现出来。森认为，发展不单纯是经济增长，它实为对人类自由的各种可能性的一种全面承诺，是对"一个人选择有理由珍视的生活的实质自由——即可行能力"[34]。森的可行能力理论包含两个核心概念，功能性活动和可行能力。功能性活动指的是福利成就，即一个人认为值得去做或达到的多种多样的事情或状态。而可行能力指的是福利自由，即一个人有可能实现的各种可能的功能性活动的组合。森进一步指出："福利自由是一种特殊的自由，它专指一个人具有不同功能性活动向量，以及享受相应的福利成就的能力。"[35]森认为能力不可直接考察，为此，森考察了 5 种工具性福利自由：政治自由、经济条件、社会机会、透明性保障、防护性保障。这些工具性福利自由能直接扩展人们的可行能力，它们之间相互补充、相互强化。同时，森的可行能力意味着使一个机会成为真实自由的全部事物，这除了个人自身的基本能力外，还需要物质条件、环境、文化和社会制度等因素[36]。森批评罗尔斯在福利自由实现上没有考虑到人们将资源转化为实际生活的能力，而它恰恰是福利自由的重要部分。森认为，商品与我们运用商品而达到的生活状况之间的差异，至少受到五种来源的影响：个人的异质性、环境的多样性、社会氛围的差异、人际关系差异、家庭内部的分配[37]。

可行性能力理论主要运用在第 4 章、第 6 章及第 7 章关于农村电子商务对农户的价值贡献分析。本书所关注的对象是农户，结合农村电子商务和森的可行能力理论，着重从家庭收入、就业机会、扶贫等方面功能性活动来分析农村电子商务发展对农户的价值贡献。同时，由于农户参与农村电子商务获得价值的多寡，客观上取决于农户家庭成员人数、教育、健康状况等特征，也取决于农户所拥有的资源环境条件，还取决于农户获得的社会条件，而政府推动农村电子商务发展，可为农户获得更多就业创业机会与条件。

2.3 国内外相关研究动态

2.3.1 国外研究动态

2.3.1.1 国外关于农村电子商务的主要模式研究

基于参与主体构建的模式研究。Liu Weiling，Hi Haiping 提出从 F 到 C 到 B 的农业电子商务模式[38]。Ranu Gupta 和 Pawan Kumar Sharma 提出了政府、农民、运输商、买方、贸易商等多方主体共同参与的农业电子商务发展模式[39]。Liu F，Tang W，Zhang Y，等对日本德岛县和高知县两个有代表性的案例进行系统分析后，提出了由政府、农业经济合作组织、第三方物流等合作组织联动的制度化农产品电子商务模式[40]。基于"互联网＋产业"模式研究，例如：美国的"互联网＋乡村零售商"[41]和"社交媒介＋农场创业"[42]、欧洲"互联网＋农村中小企业"[43-44]、欧盟各国"互联网＋乡村"[45]、意大利的"互联网＋农场"[46]、新西兰的"互联网＋农业"[47]、英国的"互联网＋农产品"[48]、苏格兰的"互联网＋民宿"[49]。也有学者对基于区域典型案例模式开展研究。比如：Zhang Jing 通过实地调研、数据收集、走访当地利益相关者等方式对浙江省义乌市"青岩刘模式"开展了实证研究[50]。

2. 3. 1. 2　国外关于农村电子商务影响因素的研究

从总体来看，学者们多聚焦设施条件、技术、政策支持等方面。

（1）农业企业采纳电子商务影响因素研究

国外学者对农业企业采纳电子商务的影响因素进行了较多研究，结果表明农业企业采纳电子商务或外部动因或内部动因或内外两种动因兼而有之。比如：Gudele I 和 Rivza B 对拉脱维亚、爱沙尼亚和立陶宛的统计数据分析发现，中小农业企业既没有准备好在虚拟环境中开展业务，也没有准备好利用虚拟环境的所有益处[51]。Geoffrey J. Simmons 认为营销能力和行业规范对中小农业食品公司采用互联网有决定性的影响[52]。Xiaoxia Duan，Hepu Deng，Brian Corbitt 利用 TOE（Technology-Organisation-Environment）框架，研究澳大利亚中小企业采用电子市场的关键因素，结果表明澳大利亚中小企业采用电子市场的关键因素包括最高管理层的支持、信任、外部压力和感知的直接利益[53]。Gregory J Brush，Duncan McIntosh 也利用 TOE 框架，研究新西兰农业微型企业采用电子市场的关键动机，结果表明主要包括代理中间商的能力、降低交易成本和市场覆盖面等内部动力[54]。Mueller R A E 发现农业企业大多采用 B2B 电子商务，其主要动因除了外部农业的技术变革外，内部的两个力量将推动农业企业电子商务的发展：网络效应以及市场之间的竞争和竞争对手的交易量[55]。也有学者对企业战略需求、金融服务等影响因素进行探索。Karl W Sandberg 和 Fredrik Hakansson 对 12 家微型农业企业进行的一项案例研究表明，影响农业企业采纳电子商务的因素有供应商协议、沟通和客户等战略需求[56]。Marvin Akwanyi 和 David Kiarie Mburu 认为获得金融服务促进了肯尼亚邦戈马县（一个农村地区）中小型农业企业运用电子商务[57]。也有学者对农业企业不采纳电子商务影响因素进行探索。Menger C，Ramesh G 和 Jason R 发现许多农产品加工企业不愿意参与电子商务，主要原因涉及战略上不重要的业务，不确定互联网的性能、可靠性和安全性，缺乏技术基础设施及技能熟练的人才[58-59]。还有学者对农业企业采纳电子商务的障碍因素进行研究。Darch H 和 Lucas T 对澳大利亚昆士兰食品行业中的中小农业型企业（SME）调查结果证实，缺乏知识和技术技能以及结构性问题是该行业成员从事电子商务的障碍[60]。Rhodes Jo 以农村发展、信息通信技术（政府赞助的电信中心）和营销（电子商务作为一种特定的业务流程）与组织的管理团队合作为分析框架，以参与式方法对南非农村妇女组织项目进行研究发现，微型农业企业采纳电子商务遇到的主要障碍包括传统习俗、文化约束、理念上混淆、跨越制度障碍[61]。

也有学者聚焦诸如政府、行业协会、组织规模、区位、利润等某一方面影响因素开展研究。相关研究文献如下：G. Baourakis 和 M. Kourgiantakis 发现希腊政府或学术机构提供更准确的互联网技术知识，有效削弱克里特岛电子商务与农业企业之间的薄弱关系[62]。Lawson R，Alcock，Cooper J 等认为政府和行业协会推动电子商务技术在澳大利亚农业中小企业中快速扩散[63]。有学者研究了 2002 年至 2009 年加拿大魁北克省林业部门中小型企业从感知到实际采用电子商务的演变情况，对调查数据进行二元逻辑回归分析，结果表明：企业规模对电子商务采用者最具影响力，地理位置也是一个重要因素[64]。Hartmut-Heinrich Meyer 和 Bastian Paulsen 认为区位条件是影响农村地区小公司获得创新资源的独特因素[65]。Dongrui Bai 认为集聚经济效益显著地影响企业采纳行为[66]。

还有学者聚焦技术安全性因素研究。Gcora N，Maoneke P 和 Isabirye N 采用多案例研究方法，运用不确定性减少理论（URT）对生产天然精油的中小型企业采用电子市场（e-marketplaces）研究发现，对技术缺乏信任仍然是一些销售天然精油的中小企业感到关切的重要原因[67]。Aleke B，Ojiako U 和 Wainwright D 对尼日利亚的伊布尼的农业综合企业调查后，强有力的证据表明，采用者担心信息和通信技术可能破坏"正常"的生活方式[68]。同样，Kalema B M，Muchandigona A，Sarah Ahtesham 等证明了中小型农业企业对技术缺乏信任[69-70]。Song Hui 和 Wu Ling 认为乡村旅游企业频繁更换第三方平台，是因为第三方平台不能有效地提高业务水平与服务质量[71]。

（2）农户采纳电子商务作为购物方式的影响因素研究

关于农户采纳电子商务作为购物方式的影响因素研究。Fecke Wilm 和 Danne Michael 对德国 165 名农民采纳电子商务进行网上购物的意愿进行数据采集，分析结果显示，网上商品价格以及农民的风险态度、网购经验、教育是其主要影响因素[72]。Multra S K 和 Banipersad K 分析影响毛里求斯农户采用电子商务进行在线购物的影响因素主要包括年龄、教育和社会背景等[73]。Achla Gakkhar，Dolly Rani 和 Priyanka Chaudhary 从印度农村 100 名网购的青年（50 名男孩和 50 名女孩）中收集了所需数据，研究结果表明，总是使用网站进行网上购物的女孩比例高于男孩[74]。Sharma 和 Hemendra 对印度勒克瑙的农村地区的农民选择电子市场购物进行研究发现：消费者倾向于细分市场的原因更多的是从获得有关产品可用性以及对较低的成本的认知[75]。也有学者发现，印度农村地区电子商务得到巨大发展，归因于家庭收入增加、农业前景、非农业收入来源多样化、互联网普及率增加、消费倾向高以及农村地区核心家庭数量增加[76]。Sandeep Garg 和 Rohit Kumar 认为虽然目前印度农村地区居民使用互联网并不十分频繁，但是，消费者赞同网上购物方式[77]。Sumiran Kumar Rajak 对恰尔肯德州农村居民采用电子商务购物所面临的障碍因素进行调查发现，缺乏技术知识、道路不通达、退货和退款问题、缺乏直接联系和固定价格都证明是阻碍印度农村居民采用电子商务的重要因素[78]。

关于农户采纳电子商务作为营销手段的影响因素的研究。Patel Vipul B, Asthana A K, Patel Kiran J 等采用多元回归对印度古吉拉特邦北部梅赫萨纳和巴纳桑塔两个地区的 310 名农民的调研数据进行分析，结果表明，农户感知的易用性、自我效能、有用性、信任、技术技能与资源在印度农民采用电子商务方面发挥着至关重要的作用[79]。G. Sony，S. Bhavana，M. Anvitha 认为信任问题、安全问题、在线支付便利性、信用卡可用性等因素正在影响印度农村居民采纳电子商务行为[80]。Priyanka Jayashankar，Sree Nilakanta，Wesley J Johnston 等构建了农户采用互联网技术的价值要素模型，采用美国艾奥瓦州的 492 名农民的调查数据，运用结构方程对假设测试题项进行验证发现，感知价值对农户采用互联网产生了积极影响，而感知风险对农户采用产生了负面影响[81]。A Anooja 注意到农村地区推出移动应用程序，影响农民以及供应商通过移动互联网销售产品或服务[82]。Saroj Kumar Singh 认为农村居民的参与度、农民文化素质低是农村电子商务仍然未能扩散到许多偏远地区的主要影响因素，此外，农村居民的参与度也会影响农村电子商务相关产业的发展[83]。Stoel L，Jeong S 和 Ernst S 认为三种农村零售商（乐观主义者、效率意识者和怀疑论者）对使用互联网的态度和使用互联网进行战略定位的意图存在差异[84]。Gnanasaranya 对农村地区女性微型企业家运用 Facebook、WhatsApp、indiaonlinepages. com 和其他社交媒体应用程序进行调查发现，受过教育、有创新意识和职业技能的女性微型企业家采纳电子商务比率很高[85]。

关于农户采纳信息和通信技术影响因素研究。Kwapong 和 Olivia Adwoa Tiwaah Frimpong 认为加纳在利用信息和通信技术促进妇女教育和发展时，必须考虑目的、年龄、时间或便利性、空间和收入等因素[86]。Reva Prasad Mishra，Sonam Mathur，C K Goyal 等研究发现印度年轻一代农民受到新技术和创新的影响，因此支持信息和通信技术[87]。信息和通信技术的使用与农场规模增加和农民受教育的增加之间存在明显的正相关，与农民年龄的增加之间存在负相关[88]。Kakali Majumdar 发现印度北方邦农民采纳 ICT 与其教育和土地持有类型显著正向相关[89]。Margaret Meiling Luo, Sophea Chea 认为用户采纳 ICT 行为不仅仅由用户认知决定，而且还由用户与其社会互动决定[90]。

对中国农户采纳电子商务影响因素的研究。Zhu Shizhan 和 Chen Juan 收集中国 1 288 名受访者的一阶数字鸿沟（互联网接入）和二阶数字鸿沟（电子商务使用）的社会人口学影响因素数据，应用多元逻辑回归对互联网接入和电子商务使用与人口学特征、社会经济属性以及移民和居住身份之间的关联进行建模，研究结果表明，农民年龄、性别、教育和居住身份被确定为个人使用电子商务的重要因素[91]。Xu Jingxian 和 Guo Jianhong 认为农民认识水平低是制约福建农产品电子商务发展的因素之一[92]。Yanliu Lin 认为农户社会网络是淘宝村形成的重要社会资本来源[93]。Hu Chunhua 认为农产品电子商务发展的动力在于多因素的相互作用机制[94]。Likai Zou 和 Qiang Liang 选取揭阳市军埔淘宝村作为研究单一案例，从大众创业的角度分析了农村电子商务创业集群的形成过程和机制，研究结果表明，政府可以对大众创业施加多方面的影响[95]。也有学者就网购农户开展研究。LiYuanyuan，FanKun，WenJiwen 等采用理性行为理论（TRA）和技术接受模型（TAM）设计问卷，调查了 177 户林农利用网上交易意愿的影响因素，运用逻辑回归研究影响因素，结果表明，效用、易用性和环境因素具有积极作用[96]。Lv Yue，Wang Liya 和 Zhang Yisheng 证明了心态、行为控制和网购体验是影响农村消费者采用电子商务的因素[97]。Jin S，Li H 和 Li Y 认为中国网民在消费时，主要关注其认证属性。一般来说，"绿色产品"或"有机产品"组合将大大增加中国消费者购买的可能性，并愿意为这两种产品支付保费[98]。此外，Zhou Guangliang 认为农村电子商务的三大影响因素是供应链管理的效率、政府的政策支持、应用信息系统[99]。

2.3.1.3　国外关于农村电子商务的价值研究

（1）关于经济价值研究

从经济价值来看，主要聚焦电子商务对农村与农村产业的作用以及对企业与农户价值贡献等方面研究。从农村与农村产业作用研究看，WaiShiang Cheah，Azman Bujang Masli 和 Edwin Mit 通过对农村社区电子商务的可持续性的影响因素进行建模，验证模型显示是有价值的[100]。Galloway L 和 Mochrie R 通过大量证据表明，信息和通信技术是农村经济增长的驱动力。因此，政府热衷于促进信息和通信技术的普及，特别是在有经济发展需要的农村地区，经济被视为需要干预以促进农村经济可持续性发展[101]。Sohan Singh Rawat 和 Ravi Singh 认为印度 e-Choupal 系统促进了农村转型，有助于缓解农村孤立状况[102]。Xuan Su 认为农村电子商务网络平台可以提升乡村旅游产业服务质量[103]。Zhang Yingnan，Long Hualou，MaLi 等通过引入"空间流动"理论，以中国中部夏营村为例，揭示以电子商务为动力的农村经济结构调整的过程和机制。结果表明，电子商务已成为产业结构、就业模式和家庭经济变化的催化剂。从传统农业向商业服务、就业模式向非农化转变，建设完整的电子商务产业链的跨越，实现了产业的融合发展新路径[104]。还有学者从提升产品质量展开研究。例如：Zhang Haibin 和 Zhang Guoqing 认为电子商务的一个突出特点是，可以在网上对农产品进行评价，即对其他消费者的消费行为产生作用，又驱使商家重视产品质量[105]。

从企业经济价值来看。Alessandro Scuderi 在研究了意大利许多有机农场后，发现有机农场通过在线销售，实现资源有效整合，有效维护客户的关系，改善公司的营销策略，优化农产品结构，帮助公司在不同的环境下实现正确的沟通策略[106]。Gregory J Brush 和 Duncan McIntosh 认为农业企业实施电子商务一个最明显的价值是将货物运送到经常远离的销售场地，另一个价值是在区域和全国范围内提高市场覆盖面[54]。Alam K，Adeyinka A，Wiesner R 发现电子商务对澳大利亚地区农业和非农业部门中小企业绩效的影响程度存在显著差异[107]。Lamie R David，Barkley David L 和 Markley Deborah M 通过电子商务案例分析发现，企业采用电子商务会增加业务量[108]。

从农户经济价值来看，Khanal A 和 Mishra A 认为小型农场从互联网使用中获益，因为它有助于通过农场外收入来降低收入风险，并降低营销和储存成本、家庭的非农场运输和车辆租赁费用。此外，与同行相比，使用互联网的农业家庭每年的农业现金总收入增加约 9 500～12 400 美元[109]。Hou J，Huo X 和 Yin R 的实证结果表明，计算机使用与农户生产和消费决策之间存在着显著的因果关系[110]。Simple Jain 和 Anuprita Purohit 研究斯里兰卡纳加尔、科塔、巴拉特普尔和奇托尔加尔等四个地区农村居民运用 e-Choupal 情况，实证结果清楚显示，e-Choupal 在增加农业生产、采用改良技术、销售农产品和及时获得农业投入等方面帮助了农村人口从作物上获得高额利润[111]。Alan Lukose 认为农民采用电子商务有助于扩大产品覆盖面和增加营业额[112]。

（2）关于社会价值研究

从社会价值来看，主要关注农村电子商务发展对提高弱势群体的地位、城市化方面的研究。

有关提升弱势群体的地位研究。Jo Rhodes 和 Farhadi Fariba 认为农村电子商务具有提高妇女经济福利的潜力，尤其是使农村妇女的社会地位得到提升[113-114]。Georgiadou K，Baros W，Kekkeris G 认为电子商务为生活在农村、偏远和孤立地区的社会经济弱势群体获取非正规教育及社区赋权[115]。Qian Linliang 通过观察中国东南部一个城市的移民企业家与当地居民之间的社会互动，这项研究表明新兴的电子商务经济使许多农村移民获得了话语权、自我身份的提升，重塑他们在城市商业世界中的身份[116]。

有关城市化方面作用研究。Xu Chan，Lu Bin 和 Wen Tianzuo 认为电子商务为乡村城镇化提供动力及途径[117]。Song H 发现电子商务正在帮助印度小城镇居民和农民获得与大城市人们类似的优质产品和服务[118]。

有关就业创业方面的作用研究。Amirhossein Alibaygi，Mehdi Karamidehkordi 和 Mehrdad Pouya 采用德尔菲法对伊朗克尔曼沙赫镇农村社区信息和通信技术中心的有效性进行评价，结果显示，农村社区发展信息和通信技术，有效防止了农村人口外流[119]。Jiang Hua 认为科学合理的农村电子商务模式可以提高创业成功率，激发人们创业的兴趣，提高就业人员在农村劳动力市场中的比例[120]。Pushpa B 认为信息和通信技术使得人们从城市迁移到农村，给许多人带来就业机会[121]。

此外，也有学者从生活便利性、沟通方式、综合素质提高、减贫作用等方面开展研究。Sapna A，Narula 和 Sabhyata Arora 发现农民利用村级互联网站点进行网上订票、网上支付账单、财产信息登记[122]。Adamides 认为农民使用互联网，特别是信息和通信技术（ICT），可以改善农户沟通与交流方式[123]。Edda Tandi Lwoga 采用焦点小组讨论和调查问卷方法，对坦桑尼亚的孔瓦、森杰雷马和克莱卡三个农村地区妇女使用互联网情况进行研究发现，农村妇女首先将互联网用于教育目的，其次用于新闻、健康信息、就业机会、社会和娱乐[124]。You-Te Lu，Yi-Hsing Chang 认为信息通信技术的发展不仅推动了农户自学和获取信息的机会，而且也为解决农户之间数字鸿沟提供了有效的办法[125]。Muthukumar N 发现，非洲农民通过采用电子商务，加强了农民之间的联系和传播有关农业技术、天气预报和市场需求的信息，在数字平台上连接农民、买家和代理商，加深农户对现代技术的认知[126]。Shanmuga Vivekananda Nadarajan 和 Roslan Ismai 认为柬埔寨农村、农业发展电子商务，在促进农村民生、粮食安全和减贫等方面发挥重要作用[127]。F Islam1，MMH Kazal 和 MH Rahman 认为农村发展电子商务加强了农村社会对 GDP 的贡献，从而最终减轻贫困[128]。Siriginidi Subba Rao 认为建立信息丰富的社会是减贫和可持续发展的一个关键要素[129]。

（3）文化价值研究

Krishan K Boora 认为农村电子商务可有效推动农村文化活动[130]。Zoltan Zakota 认为在农业或农村旅游业等一些领域发展电子商务，有助于增强农村商业氛围[131]。Lin Geng，Xie Xiaoru 和 Lv Zuyi 以广东省军埔村为例，对淘宝村开展研究发现，农村电子商务将网络经济运行带来的异化与地方文化传统实践的阻力融为一体[132]。Colom Gorgues 和 Antonio 认为信息和通信技术（ICT）运用有助于加强文化、艺术、建筑和历史遗产在农村地区发展中实现新的地域平衡[133]。

（4）生态价值研究

Ali Akbar Jalalia 认识到在农村地区实施电子商务是解决农村环境适用和持久的办法[134]。Vajda-Mlinacek，Ljiljana，GradiBnik 等研究了以生态旅游服务推广和销售为基础的电子商务，结果证实了网络是推广生态目的地的好方法[135]。

2.3.2 国内研究动态

2.3.2.1 关于农村电子商务发展模式的研究

①基于参与主体构建的模式研究。比如：刘可提出 B2B、B2C 模式，中间 B 为农业协会、农业龙头企业、政府部门等[136]。童云认为当前农产品电子商务主要有 B2B、B2C、C2B、C2C、O2O 发展模式[137]。②基于主营产业发展的模式研究。比如，郭承龙提出资源、特色产业模式[138]。范轶琳、姚明明、吴卫芬对淘宝村进行研究后，提出自发驱动、自发培育、政府培育、政府驱动等四种类型[139]。③基于"互联网＋"模式研究。④关于"互联网＋"农业方面研究。学者们主要聚焦"互联网＋农业产业链"[140]、"互联网＋农业电子商务"[141]、"互联网＋休闲农业"[142]、"互联网＋农业场景营销模式"[143]等农村数字经济新业态。⑤关于"互联网＋"农产品方面研究。学者们重点关注"互联网＋山区特色农产品"[144]。也有学者关注区域模式。例如：汪向东研究了"沙集模式"[145]；陈旭堂、余国新、朱磊研究了县域"遂昌模式"[146]。

2.3.2.2　关于农村电子商务发展影响因素研究

国内学者多主要集中在中观层面影响因素研究,而对于宏观和微观层面的研究也有关注,宏观层面看,研究的重点在于关注整体农村电子商务或农业电子商务推动因素,中观层面看,研究重点在于关注"淘宝村"集群发展的动力因素,微观层面看,重点关注农村企业动机和农户接受度。

(1) 宏观层面的研究

学者们对宏观层面的农村电商推动因素开展了一些研究。谢秋燕研究结果表明,互联网融合战略促进了整体农村电子商务的发展[147]。丁明华从"三农"视角证明了市场需求的重要性[148]。钮钦认为农村电子商务发展离不开电商平台企业战略驱动[149],任晓晓、丁疆辉、靳字含认为能人效应、特有的社会网络关系也是农村电子商务蓬勃发展的重要因素[150]。余达锦强调了经济、社会效益对推动农村电子商务发展的重要性[151]。

(2) 中观层面的研究

中观层面,国内学者多聚焦"淘宝村"发展。除了周静等认为淘宝村发展的动力机制需要产业、平台、网商和物流以外[152],凌守兴认为区位优势同样非常重要[153]。郑新煌等利用 GEM 模型对军埔"淘宝村"产业集聚的推动因素进行全面的研究,验证了凌守兴的研究结论[154]。崔丽丽等认为典型示范、电商协会等因素对"淘宝村"商户绩效增长有明显的推动效果[155]。张赛的研究表明网商、产业和中介驱动淘宝村发展[156]。张嘉欣等发现资本积累促进淘宝村空间变迁[157-158]。汪凡、汪明峰等基于回归分析,根据 SLM 回归结果发现,淘宝村的发展主要是由人口、信息和政策等因素推动,而 GDP 起到了消极作用[159]。张庆民、孙树垒、吴士亮等研究发现,构建淘宝村电商生态化显著地影响网商群体发展[160]。

(3) 微观层面的研究

关于企业采纳电子商务影响因素的研究。易法敏通过实证检验发现收益、行业竞争、安全性等因素不同程度影响农业企业应用电子商务行为[161]。任晓鸿对农村小微企业采纳电子商务影响因素进行分析,也证明了信息资源、安全性等因素的影响[162]。

关于农户采纳电子商务的影响因素研究。王岸明发现农产品电子商务促进农民增收受农户年龄、农户文化水平因素、互联网接入、乡镇距离、村里的快递点设置情况等影响[163]。侯振兴认为农户采纳电子商务的影响因素还包括政策、运营成本、电商培训、产品和营销、人力资源、第三方电商服务[164]。还有学者认为农户的创新意识非常重要[165]。

2.3.2.3 关于农村电子商务发展的价值研究

国内学者主要从"三农"视角开展对农村电子商务的价值研究。从农民的视角来看，多聚焦在农产品销售、增收、消费、生产方式、生活方式、扶贫、创业就业、参加合作组织等；从农业视角看，重点关注产业融合、农业产业结构调整等；从农村视角看，聚焦在农村生产要素、城镇化、乡村服务业、乡村治理等。比如：赵安顺认为发展农村电子商务，有利于促进农村生产要素的优化配置、农村合作经济组织建设、农用技术服务与培训的开展[166]。濮海坤认为促进了"农产品上行、工业品下乡"，优化农村居民生活质量[167]。刘静娴、沈文星认为农村电子商务发展对农民增收、产业融合、带动就业和精准扶贫等方面都发挥重要功效[168]。本书主要关注农村电子商务经济、社会、文化、生态价值，因此，农村电子商务发展的价值贡献文献综述，也将从以上四个方面展开。

（1）关于农村电子商务发展的经济价值研究

网络经济具有开放性、兼容性等特点，能够催生农村地区产业经济融合发展，成为农村经济发展的重要黏合剂[169]。①在农民增收方面的价值研究。曾亿武、翟李琴、郭红东等基于江苏沭阳花木农户的调查数据，从农户诚信经营意识的视角来看，农村电子商务的发展总体上是利大于弊[170]。刘同德等发现"农村淘宝"的发展促进了当地居民增收水平[171]。曾亿武、郭红东认为电子商务的引入增加了经营网店的农户的收入和劳动[172]。②在营销渠道方面的价值研究。李志刚认为可有效地改善农产品流通困境[173]。③在农业生产方式方面的价值研究。朱君璇、杨静等均发现电子商务是建设现代农业产业体系的重要手段[174-175]，可促进农业生产方式转变以及农业生产持续、健康发展[176]。④在产品品牌建设方面的研究。王敏、马纯莉、朱竑研究认为电子商务对具备浓厚地方性以及厚重文化底蕴的地方品牌起到了塑造作用[177]。⑤在农村产业结构方面的价值研究。有学者认为电子商务可扩大乡村旅游产业发展空间，为旅游业信息化提供主要支持[178-179]；也有学者研究发现"微营销"放大乡村旅游业发展能效[180]。⑥在乡村消费市场方面的价值研究。刘雯认为电子商务可突破农村产品和日用消费品销售的时空限制[181]，减少供求矛盾，满足消费需求，促进消费增长等[182]。

（2）关于农村电子商务发展的社会价值研究

国内学者主要从给农民赋能的视角开展研究。①在精准扶贫方面的价值研究。一些学者认为电子商务有助于贫困村利润空间拓展、内外资源衔接、农村内生力量培育[183-184]，也是精准脱贫的重要手段[185]。②在创业就业方面的价值研究。学者们认为发展农村电子商务能够极大地激发、强化新一代农民的创业理性和潜能[186]，有利于农民创业[187]，农户本地化就业[188]，留守儿童、空巢老人的问题亦不复存在[189]。③在返乡人员方面的价值研究。王领等通过修改后新经济地理学中的线性模型来描述人口流动的方向与强度，研究结论是电子商务的发展有利于人口回流[190]。④在生活方式改变方面的价值研究。马军旗、乐章研究发现，互联网使用对农村居民幸福感具有显著的促进作用[191]。温有栋认为县域农民下行购买行为要优于上行销售行为，且这两种行为具有高惯性[192]。徐天舒研究表明，网络发展促进了农村居民消费水平的提高[193]。⑤在城镇化方面的价值研究。就城镇化作用而言，学者们发现东部沿海农村经济发展已进入半工业化状态[194]，电子商务驱动乡村城镇化、县域就地城镇化[195-196]。在乡村治理方面价值研究。也有学者认为电子商务推动乡村内外双重治理重构[197]。

（3）关于农村电子商务发展的文化价值

许应楠认为将乡土文化元素赋予产品或者旅游景点，通过电子商务手段，可以传承我国农村优秀传统文化[198]。曾鸣研究发现，使用互联网显著降低了西部农村居民文化贫困发生的概率[199]。

（4）关于农村电子商务发展的生态价值

杨燕、高敏、李军等运用多项 Logistic 模型分析发现生态农产品与农户采纳电子商务行为成正相关[200]。李秋斌研究表明，农村电子商务促进了生态农业旅游[201]。也有人认为"互联网＋智慧农谷"助推美丽乡村建设、农村生态环境的治理[202]。

2.3.3 研究述评

2.3.3.1 研究不足

从已有文献可以看到，学者们的研究洞悉到农村电子商务发展问题的本质，具有较强的理论价值和现实意义，为本书的研究提供了宝贵的基础。但总的来看，在已有的成果中，仍存在以下不足之处：

（1）研究领域与对象

国内外学者多从参与农村电子商务某一环节的农户开展研究，而针对不同参与程度的农户同时开展研究较少。国外研究要么对从事销售环节的农户、要么对从事购物环节的农户、要么对从事沟通交流的农户作为研究对象，而对供应商农户研究较少，更没有把网商农户、供应商农户以及网供商农户纳入研究范围。国内学者主要关注电商村农户，而对非电商村的农户研究较少，国内其他研究同国外趋同。

（2）研究内容

国外学者在影响因素上，多数是从农业企业、小规模农场户采纳电子商务的影响因素开展研究，宏观研究尚显不足。国内学者在影响因素上，多数是从全国、省、村、农户开展研究，缺乏对县域农村电子商务发展的影响因素及其形成机理开展研究。国内外对农村电子商务发展的价值贡献研究，多集中于单一方面或单一模块的分析，未能呈现完整的价值理论体系结构，基本处于一种碎片化状态。

2.3.3.2　对本研究的启示

（1）根据相关文献，构建一个合理的农村电子商务发展的价值贡献形成机理分析框架，分析农村电子商务发展的价值贡献形成脉络，找出影响农村电子商务发展的价值贡献的关键要素，为农户采纳电子商务找到客观依据。

（2）根据相关文献，构建一个农村电子商务价值贡献模型，通过对浙江省参与农村电子商务发展的农户开展问卷调查，收集相关数据对该模型进行检验，开发出农村电子商务发展的价值贡献理论体系。

显然，研究并解决这两个问题，无论是从研究视角上还是从研究内容上都具有一定的创新性，能够将农村电子商务发展在理论研究和实证研究上再向前推进一步，也有助于政府从农户角度制定合理的农村电子商务发展政策，具有重要的理论和实践价值。

第3章　浙江省农村电子商务发展状况

3.1　浙江省电子商务的发展现状

3.1.1　网民规模持续增长

在网络覆盖方面，浙江省采取一系列举措，浙江省经信委组织电信等通讯企业加速农村网络通信基础设施建设，加快行政村网络覆盖率。从横向比较来看，浙江省互联网普及率一直处于全国较高位置。2015 年，浙江省互联网普及率为 65.3%，高出全国互联网普及率 15 个百分点，排名全国第 5 位。到 2018 年，浙江省互联网普及率为 79.2%，高出全国互联网普及率 19.6 个百分点。从纵向比较来看，2015 年，浙江省互联网网民规模为 3 596 万人，每 10 人有 6～7 人上网，经过 3 年发展，浙江省互联网网民规模增加到 4 544 万人，有近八成人口成为网民，比 2015 年增加约 948 万人，年均增长 8.11%，见表 3-1。

表 3-1　全国及浙江省网民数、互联网普及率

年份	全国		浙江省		
	网民数（万人）	普及率（%）	网民数（万人）	普及率（%）	全国普及率排名（位）
2015	68 826	50.3	3 596	65.3	5
2016	73 125	53.2	3 632	65.6	5
2017	77 198	55.8	3 956	70.8	—
2018	82 851	59.6	4 544	79.2	—

数据来源：《中国互联网络发展状况统计报告》（2015—2018 年）。

3.1.2　网络零售与网络消费额持续增长

从省域看，浙江省网络零售额和居民网络消费额均呈现出明显的大幅度增加。在网络零售方面，2015 年全省网络零售额超 7 600 亿元，同比增长近 50%，2016 年全省网络零售额突破万亿大关，2018 年更是达到 16 718.8 亿元，是 2015 年的 2 倍多，年均增长 29.99%。在居民网络消费方面，2015 年

全省居民网络消费额超 4 000 亿元，同比增长近 40％，经过 3 年发展，到 2018 年居民网络消费额达到 8 470.5 亿元，是 2015 年 2 倍多，年均增长 28.29％，见表 3-2。

表 3-2 浙江省 2015—2018 年网络零售业发展分布

单位：亿元

年份	网络零售额	同比增长	居民网络消费额	同比增长
2015	7 610.62	49.89％	4 012.34	39.63％
2016	10 306.74	35.43％	5 251.69	30.89％
2017	13 336.70	29.40％	6 777.00	29.04％
2018	16 718.80	25.36％	8 470.50	24.99％

数据来源：《浙江省 2015—2018 年度网络零售统计数据》。

从市域网络零售额看，网络零售额较好的市域为杭州市、金华市、温州市、嘉兴市、宁波市，其中杭州市、金华市、温州市三市占比之和连续四年均占全省网络零售额的 60％以上。杭州市网络零售额始终居于首位，从 2015—2018 年连续四年占比均在 30％以上，年均增长为 25.55％。而生态环境发展较好的丽水市，其网络零售额始终处于低位运行，从 2015—2018 年连续四年占比均维持在 2％左右，年销售额从 2015 年的 121 亿元增长到 2018 年 350.5 亿元，年均增长率为 42.55％，见表 3-3。

表 3-3 浙江省 2015—2018 年网络零售额情况

单位：亿元

地市	2015 年			2016 年			2017 年			2018 年		
	网络零售额	占比	同比	网络零售额	占比	同比	网络零售额	占比	同比	网络零售额	占比	同比
杭州	2 680	35％	43％	3 446	33％	29％	4 302.4	32.3％	24.9％	5 304.4	31.7％	23.3％
金华	1 344	18％	58％	1 834	18％	36％	2 346.7	17.6％	28.0％	2 869.6	17.2％	22.3％
温州	894	12％	50％	1 225	12％	37％	1 568.5	11.8％	28.0％	1 968.2	11.8％	25.5％
嘉兴	836	11％	37％	1 113	11％	33％	1 454.2	10.9％	30.6％	1 818.2	10.9％	25.0％
宁波	704	9％	60％	1 025	10％	46％	1 380.6	10.4％	34.8％	1 778.3	10.6％	28.8％
台州	494	7％	46％	711	7％	44％	945.5	7.1％	33.0％	1 191.4	7.1％	26.0％
绍兴	235	3％	59％	318	3％	35％	426.1	3.2％	33.9％	535.1	3.2％	25.6％
湖州	224	3％	84％	308	3％	38％	423.6	3.2％	37.5％	568.8	3.4％	34.3％
丽水	121	2％	76％	186	2％	53％	259.8	1.9％	39.4％	350.5	2.1％	34.9％
衢州	67	1％	90％	120	1％	79％	194.0	1.5％	62.2％	277.5	1.7％	43.0％
舟山	12	0％	90％	21	0％	74％	35.2	0.3％	68.2％	56.9	0.3％	61.5％

数据来源：《浙江省 2015—2018 年度网络零售统计数据》。

从市域居民网络消费看，经济越发达地区，其居民收入越高，相应地用于消费支出越多。排在居民网络消费额前 3 位分别为杭州市、宁波市、温州市，其中杭州市，从 2015—2018 年连续四年占比均在 28％以上，年均增长为28.69％。而经济发展欠发达的丽水市，其居民网络消费额始终处于低位运行，从 2015—2018 年连续四年占比均维持在 2％以上，年消费额从 2015 年的 101 亿元增长到 2018 年的 210.3 亿元，年均增长率为 27.69％，见表 3－4。

表 3－4　浙江省 2015—2018 年居民网络消费额情况

单位：亿元

地市	2015 年			2016 年			2017 年			2018 年		
	居民网络消费	占比	同比增长	居民网络消费	占比	同比增长	居民网络消费	占比	同比增长	居民网络消费	占比	同比增长
杭州	1 119	28％	38％	1 500	29％	34％	1 929.0	28.5％	28.6％	2 384.7	28.2％	23.6％
金华	395	10％	34％	528	10％	34％	687.0	10.1％	30.2％	862.9	10.2％	25.6％
温州	568	14％	44％	718	14％	26％	906.6	13.4％	26.4％	1 127.5	13.3％	24.4％
嘉兴	312	8％	30％	401	8％	29％	519.2	7.7％	29.4％	663.5	7.8％	27.8％
宁波	587	15％	34％	790	15％	35％	1 014.6	15.0％	28.4％	1 258.7	14.9％	24.1％
台州	322	8％	41％	407	8％	27％	537.3	7.9％	32.0％	680.3	8.0％	26.6％
绍兴	289	7％	50％	368	7％	28％	474.5	7.0％	28.8％	596.6	7.0％	25.7％
湖州	163	4％	55％	212	4％	30％	284.1	4.2％	33.8％	358.8	4.2％	26.3％
丽水	101	2.52％	46％	123	2％	22％	162.5	2.4％	31.9％	210.3	2.5％	29.4％
衢州	76	2％	51％	101	2％	32％	131.1	1.9％	30.4％	164.8	1.9％	25.7％
舟山	80	2％	51％	103	2％	29％	131.0	1.9％	26.7％	162.6	1.9％	24.1％

数据来源：《浙江省 2015—2018 年度网络零售统计数据》。

3.1.3　电商产业基地发展情况

从电商产业基地发展看，2015—2017 年间，全省电子商务产业园区从2015 年的 204 个增加至 2017 年的 323 个；2016—2017 年连续两年累计投资均在 300 亿元以上；入园电商企业数持续增加，从 2016 年 15 400 家增长到 2017年 41 000 家；国家级电商产业示范园区从 2016 年 4 家增加到 2017 年 7 家，省级示范园区从 2016 年 6 家增加到 2017 年 21 家，翻了 3 倍多。与此同时，大量电商服务企业入驻园区，为企业提供代运营、美工、拍摄、客服、培训、信息技术和金融等在内的各类商务服务，据统计，全省电商产业园区中电商服务企业入驻数量从 2016 年 4 300 多家增加到 2017 年 6 200 余家，到 2017 年末平均每个电商产业园区中就有超过 20 家电商服务企业。此外，2017 年，仓配一体化电商产业园区从 2016 年 94 家增加至 2017 年 298 个，实现了电商产业园区自动完成接单、分拣、打包和发货的全部流程，大大降低了企业在物流环节的成本，见表 3-5。

表 3-5　浙江省电子商务产业基地发展情况

项　　目	2015 年	2016 年	2017 年	2018 年
产业基地或园区数（个）	204	301	323	—
累计投资（亿元）	—	超 300	310	
跨境电商销售额（亿元）	34.64	—	—	
入园企业数（家）	—	15 400	41 000	
国家级电商产业示范园区（个）		4	7	
省级示范园区（个）		6	21	
电商服务企业入驻数（家）	—	超 4 300	6 200	
平均每个园区电商服务企业数（家）		超 14	超 20	
仓配一体化电商产业园区（个）		94	298	—

数据来源：浙江省商务厅政务发布《浙江省电子商务产业基地发展报告》（2015—2017 年）。

3.2　浙江省农村电子商务的发展现状

浙江是中国农村电子商务发源地，中国农村电子商务发展的主要网络平台——淘宝网，其总部阿里巴巴就位于浙江省会杭州市。无论从发展历程和规模来看，浙江省农村电子商务发展始终位居全国前列。

3.2.1　农业产业兴旺发展

从农产品网络零售额看，2015 年农产品网络零售额为 304 亿元，同比增长 68.89%；2017 年农产品网络零售额突破 500 亿元，同比增长 27.83%。2015—2018 年农产品网络零售额年均增长 29.98%。2018 年网络零售额超过千万的电子商务专业村 1 253 个、镇 130 个，数量均居全国第一，见表 3-6。

表 3 - 6　浙江省农村电子商务发展情况

项　　目	2015 年	2016 年	2017 年	2018 年
网络零售额千万的电商专业村（个）	—	—	—	1 253
网络零售额千万的镇（个）	—	—	—	130
农产品网络零售额（亿元）	304	396	506.2	667.6
同比增长（%）	68.89	30.26	27.83	31.88
农产品网店数（万个）	1.5	2.6	2	—
淘宝村数（个）	280	506	779	1 172
占全国比重（%）	35.90	38.60	37.10	36.60
淘宝镇数（个）	20	51	78	128
占全国比重（%）	28.16	37.78	32.10	35.26
跨境电商村前十强（个）	—	—	—	7
全国百个电商特色村浙江省占比（%）	—	—	—	26
新增农村电商服务站（点）（个）	3 688	4 300	3 382	1 452
累计农村电商服务站（点）（个）	8 179	13 100	16 400	18 000
改造电商村网络设施（个）	—	—	3 000	—
行政村覆盖率（%）	—	—	58	68.2

数据来源：浙江省商务厅政务发布《浙江农村电子商务发展报告》（2015—2017 年）；《中国淘宝村研究报告》（2015—2018 年），其中 2018 年数据截止到 10 月份。跨境电商村前十强全国百个电商特色村浙江省占比数据来自《2018 首届中国农民丰收节电商数据报告》。2018 年网络零售额超过千万的电子商务专业村数、镇数、新增农村电商服务站数、累计数等数据来自《浙江乡村振兴发展报告》（2018）。

3.2.2　产业集聚效应持续强劲

从省域"淘宝村"数量看，浙江省"淘宝村"数量始终位居全国首位。2015—2018 年期间，浙江省"淘宝村"从 280 个增加到 1 172 个。从"淘宝镇"数量看，2015—2018 年期间，浙江省"淘宝镇"从 20 个增加到 128 个。无论是"淘宝村"还是"淘宝镇"数量始终以绝对优势领跑全国，见表 3 - 6。

从市域淘宝村分布来看，"淘宝村"主要集中在台州、温州、金华、杭州四个地区，2015—2018 年四地市"淘宝村"总和占全省总数 60% 以上。其中金华和温州"淘宝村"发展最好，2015 年"淘宝村"数均为 56 个，2018 年温州"淘宝村"数跃居第一位，为 254 个，金华"淘宝村"数紧随其后，为 245 个。"淘宝村"数比较靠后的为绍兴、丽水、湖州、衢州、舟山。以上数据见表 3 - 7。淘宝村的发展有效带动村域经济社会发展。据统计显示，2016 年全省"淘宝村"销售总额超过 310 亿元，年销售额 5 000 万元以上的村占全省"淘宝村"总数的 41.3%；淘宝村直接带动就业 20 余万人，活跃网店总数突破 5 万家[①]。

从市域淘宝镇分布来看，主要集中在淘宝村较多的地区，实现乡村产业集群发展。从纵向看，2015 年淘宝镇较多的地区有杭州、金华、温州、台州，分别为 5 个、5 个、4 个、3 个；2018 年淘宝镇较多的地区有台州、金华、温州、宁波，分别为 22 个、21 个、20 个、20 个。"淘宝镇"数量比较靠后的为绍兴、丽水、湖州、衢州、舟山。淘宝镇的发展使得区域产业经济呈现集群发展，延长了产业链条，促进了乡村产业连片发展，见表 3-7。

表 3-7　浙江省淘宝村、淘宝镇分布

地级市	淘宝村个数				淘宝镇个数			
	2015	2016	2017	2018	2015	2016	2017	2018
台州	43	107	145	203	3	11	14	22
温州	56	101	163	254	4	9	15	20
金华	56	95	178	245	5	10	16	21
杭州	29	65	96	126	5	11	11	6
嘉兴	27	42	60	113	1	4	8	7
绍兴	20	29	23	—	1	3	2	—
宁波	15	26	79	131	—	2	10	20
丽水	15	20	19	—	—	—	—	—
湖州	13	13	21	—	1	1	2	—
衢州	4	8	9	—	—	—	—	—
舟山	2							

数据来源：《中国淘宝村研究报告》（2014—2018 年），其中 2018 年数据截止到 10 月份。

3.2.3　农村跨境电商得到发展

浙江省农村跨境电商也是走在前列。目前，全国在阿里巴巴面向全球市场的在线交易平台速卖通上，有 200 多个村从事跨境电商交易，销售额接近 7 000 万美元。2017—2018 年全国跨境电商村前十强排名中，浙江省有 7 个村，其中，金华和宁波各 3 个，台州 1 个。7 个村分别是宁波市鄞州区集仕港

[①]　数据来源：《2016 年浙江省农村电子商务发展报告》。

镇集仕村、台州市天台县坦头镇湖岸村、宁波市鄞州区高桥镇古俺村、金华义
乌市江东街道后成村、宁波余姚市陆埠镇江南村、金华义乌江东街道下弯村、
金华永康市西城街道大徐村。全国年销售额超过千万元的村达 5 个，浙江省就
占了 3 个村，其中宁波 2 个，台州 1 个。

3.2.4　农村电子商务服务站点不断增加

农村电子商务服务站点建设持续增加，行政村覆盖面进一步扩大。2015—
2018 年间，新增农村电商服务站点分别为 3 688 个、4 300 个、3 382 个、
1 452 个，累计农村电商服务站点分别为 8 179 个、13 100 个、16 400 个、
18 000 个。2017 年、2018 年，行政村农村电商服务站点覆盖率分别为 58%、
68.2%。与此同时，农村电子商务服务站点网络通信基础设施也得到改造升
级，见表 3-6。

3.2.5　农产品电子商务呈现集聚发展

2016 年全国前 20 名农产品电商强县浙江省拥有 7 个县市，分别为嘉兴市
的海宁、嘉善，杭州的临安，金华的义乌、永康，温州的苍南，湖州的安吉，
占 35%。2016 年全国前 50 名农产品电商销售县中浙江省有 13 个县市，位居
全国农产品电商第一名，占比高达 26%，其中海宁位于全国排名第一名，临
安和义乌分别位居全国第四名和第六名。从市域分布看，在浙江省 13 个入围
县城中，杭州市的桐乡、临安，金华市的义乌、永康、诸暨，温州市的乐清、
温岭、苍南，嘉兴市的海宁、嘉善，宁波市的慈溪、江山，湖州市的安吉。从
网络销售特色农产品看，主要集中在坚果、水果、滋补品、茶叶、水产制品、
肉类熟食等特色副食产品上，销售坚果类主要有海宁、临安、义乌、永康、诸
暨。从产销类型看，坚果类除临安外，均以销售为主型，其他均为产销合一，
见表 3-8。

表 3-8　2016 年浙江省农产品电商销售额 50 强县

区域	全国排名	特色产品	产销类型
海宁	1	坚果	销售
临安	4	坚果	产销合一
义乌	6	坚果、滋补品	销售
永康	10	果干、坚果	销售

（续）

区域	全国排名	特色产品	产销类型
苍南	13	水产制品、肉类熟食	产销合一
安吉	14	茶叶	产销合一
嘉善	15	水果、肉类制品	产销合一
慈溪	21	蜂产品	产销合一
江山	22	水果（猕猴桃）	产销合一
乐清	31	滋补品（石斛、枫斗）	产销合一
温岭	32	滋补品	产销合一
诸暨	38	坚果	销售
桐乡	43	茶叶	产销合一

数据来源：《阿里农产品电商白皮书 2016》。

3.3 基于调研数据的浙江省农村电子商务发展现状

3.3.1 问卷调查及数据来源

3.3.1.1 问卷调查

为获得研究所需要的一手资料，本研究所涉及的微观数据主要通过设计调查问卷对农户①等相关主体开展实地调查获得，农户调查问卷在 2019 年 7—10 月开展调研，涉及四个部分内容，分别为基本情况、农村电子商务价值贡献评价、网络销售情况、供货给当地网商情况等，其中基本情况又包括农户个人特征、本村电子商务发展情况、参加组织情况、网络购物情况、参与农村电子商务环节等五个方面内容，详见附录 1。问卷调查采用市、县分层抽样和农户随机抽样相结合的方法，因此样本总体上能代表浙江省的整体情况。农户调查选用调查问卷、座谈会、知情人深入访谈等方式或方法。调查采用随机入户方式，问卷由被调查农户自己填写完成或调查员询问农户的基础上填写完成。根据 2018 年经济发展水平及人均 GDP 和人均收入水平将浙江省 11 个地级市分成经济发达、经济中等、经济欠发达 3 个层次，在每个层次抽取 1 个地级市，同样的方法对每个地级市抽取 3 个县，经 2 次分层抽样选取温州市的乐清、平

---

① 注明：本次调查农户根据户籍所在地分为：①调查村农户；②浙江省户籍，但户籍所在地不是本村的农户；③在调查村生活超过 6 个月以上的外省户籍农户。

阳、泰顺，金华市的义乌、永康、蒲江，丽水市的缙云、遂昌、松阳，共三市九县，每个地级市发放问卷 405 份，每个县发放 135 份，此次共发放问卷 1 215 份，收回 1 183 份，回收率为 97.36%，有效问卷 1 111 份，回收率为 91.44%。其中，温州地区有效问卷 373 份，占比 33.57%；金华地区 379 份，占比 34.11%；丽水地区 359 份，占比 32.31%。有效样本的县域份数及占比情况主要为：温州乐清、平阳、泰顺分别为 135 份、121 份、117 份，占比分别为 12.15%、10.89%、10.53%；金华市的义乌、永康、蒲江分别为 123 份、125 份、131 份，占比分别为 11.07%、11.25%、11.79%；丽水市的缙云、遂昌、松阳分别为 109 份、128 份、122 份，占比分别为 9.81%、11.52%、10.98%。此外，从调查主体看，在 1 111 份问卷中，从事网络销售的网商农户问卷 526 份，给其他网商提供产品的供应商农户问卷 504 份，既从事网络销售又给其他网商提供产品的网供商农户问卷 81 份。

根据浙江省商务厅发布的《浙江省商务厅关于公布 2018 年浙江省电商专业村和电商镇名单的通知》（浙商务发〔2018〕148 号）文件中显示，在调查乡（镇、街道）及村中电商镇与电商专业村数分别为 9 个、28 个，占比分别为 30%、40%。在调查村中涉及电商产业园 3 个，缙云县东渡镇东渡村五东电商创业园、松阳县叶村镇叶村村的浙江祥瑞电子商务产业园、松阳县西屏街道北山村的康洁电子商务园。

3.3.1.2　数据来源

（1）宏观数据主要来自《浙江省统计年鉴》《中国淘宝村报告》等。

（2）微观数据主要通过调查问卷获得。

3.3.2　调查村基本情况

3.3.2.1　电商镇与电商专业村

根据浙江省商务厅发布的《浙江省商务厅关于公布 2018 年浙江省电商专业村和电商镇名单的通知》（浙商务发〔2018〕148 号）文件中显示，在本次调研 3 市 9 县 30 个乡（镇、街道）70 个村中，电商镇与非电商镇数分别为 9 个、21 个，占比分别为 30%、70%；电商专业村与非电商专业村分别为 28 个、42 个，占比分别为 40%、60%。在此次调研的 30 个乡（镇、街道）中的 9 个电商镇中，温州和丽水地区均为 2 个电商镇，金华地区为 5 个电商镇；在此次调研的 70 个村中的 28 个电商专业村中，温州和金华地区均为 7 个电商专业村，丽水地区有 14 个电商专业村。

3.3.2.2 发展农村电子商务优势

从表 3-9 可以看出，农村电子商务发展主要依托特色农业、生态环境、区位条件、工业产业。其中特色农业频数最高，为 37，占比 52.86%；其次为生态环境，频数为 36，占比 51.43%。当然区位条件和工业产业也是农村发展电子商务的重要优势，二者频数分别为 29、21，占比分别为 41.43%、30.00%。此外，特色文化和传统手工艺也有突显，二者频数均为 6，占比都为 8.57%。

3.3.2.3 村级电子商务服务站点建设情况

农村电子商务服务站点建设是有效打通农产品出村进城和工业品下乡的重要节点，是解决商品流通"最后一公里"问题。调查数据显示，在 70 个调查村中，有 32 个村已经建立了农村电子商务服务站点，占比 45.71%，另有 38 个行政村没有建立村级电子商务服务站点，占比 54.29%。在 32 个建立村级服务站点的行政村中，经济欠发达地区丽水最多，为 17 个村，占该地区调查村总数的 77.27%，其次为金华 10 个村，占该地区调查村总数的 38.46%；温州 5 个村，占该地区调查村总数的 22.73%，见表 3-9。

3.3.2.4 道路路面情况

从调查村交通道路路面硬化情况看，有 62 个村交通道路路面为水泥路面，占比 88.57%；有 8 个村交通道路路面为柏油路面，占比 11.43%。其中，温州地区 19 个村，占该地区调查村总数的 86.36%；金华地区 25 个村，占该地区调查村总数的 96.15%；丽水地区 18 个村，占该地区调查村总数的 81.81%，见表 3-9。

3.3.2.5 区位情况

从总体来看，调查村距离乡镇最近的为 0 公里，最远的为 32 公里，平均约 5.1 公里；调查村距离县城最近的为 0.46 公里，最远的为 72 公里，平均约 25.8 公里。从地区看，丽水地区调查村距离乡镇最近的为 0 公里，最远的为 32 公里，平均为 6.57 公里；调查村距离县城最近的为 2 公里，最远的为 72 公里，平均为 3.24 公里。金华地区调查村距离乡镇最近的为 0 公里，最远的为 13 公里，平均为 3.24 公里；调查村距离县城最近的为 3.8 公里，最远的为 35 公里，平均为 16.05 公里。温州地区调查村距离乡镇最近的为 1 公里，最远的为 16 公里，平均为 5.14 公里；调查村距离县城最近的为 4 公里，最远的为 60 公里，平均为 31.07 公里，见表 3-9。

3.3.2.6 带动产业发展情况

调研发现，农村通过发展电子商务带动了农业产业、工业产业、旅游产业及房屋租赁业发展。从总体看，农村电子商务带动了农业产业发展的村有41个，占比58.57%；带动工业产业发展的村有31个，占比44.29%；带动旅游产业发展的村有11个，占比15.71%。分地区看，温州地区带动了农业产业、工业产业、旅游产业发展的村分别为14、9、3个，金华地区带动了农业产业、工业产业、旅游产业发展的村分别为7、17、5个，丽水地区带动了农业产业、工业产业、旅游产业发展的村分别为20、5、3个，见表3-9。

表3-9 调查村基本情况（样本70个村）

变量名称	变量说明及赋值	个数	频率（%）	均值	有效样本（个）
淘宝村	是为1	28	40.00		70
	不是为2	42	60.00		
发展农村电商的优势	区位条件	29	41.43		70
	生态环境	36	51.43		70
	特色农业	37	52.86		70
	特色文化	6	8.57		70
	工业产业	21	30.00		70
	传统手工艺	6	8.57		70
	其他	1	1.43		70
发展农村电商带动产业	农业产业	41	58.57		70
	工业产业	31	44.29		70
	旅游产业	11	15.71		70
	其他	1	1.43		70
村级电子商务服务站点	有为1	32	45.71		70
	没有为2	38	54.29		
主要道路路面情况	水泥	62	88.57		70
	柏油	8	11.43		70
距离乡村距离	单位：公里	0.00	32.00	5.072 9	70
距离城区	单位：公里	0.46	72.00	25.802 3	70

数据来源：调查问卷。

3.3.3 总体农户基本情况

从表 3-10 可以看出，72.82% 的被调查总体农户家庭以男性为主，平均年龄约 44 周岁，教育水平以高中（含中专）以下为主（占 77.94%），其中高中（含中专）为 26.46%、初中为 24.30%、小学及以下为 27.18%；80.74% 的被调查农户来自本村，其次是外省农户（占 7.20%）；被调查农户的身份主要以普通村民、返乡务工村民、在外经商返乡村民、返乡大学生为主导，四者占被调查农户的 88.20%，其中，普通村民为 37.80%、返乡务工村民为 17.19%、在外经商返乡村民 18.99%、返乡大学生 14.22%；88.38% 被调查农户健康状况很好或比较好，其中，很好的占 47.07%，比较好的占 41.31%；在风险态度方面，36.18% 的被调查农户很喜欢或比较喜欢冒险，其中，比较喜欢冒险的占 32.13%，只有 4.05% 的很喜欢冒险；被调查农户的平均家庭总人口约为 3.93 人。从被调查农户参与组织情况来看，共有 529 户参与了各类组织，占被调查农户比重 47.61%，其中，参加电商协会的有 165 户，占被调查农户比为 14.85%，参加合作社的有 153 户，占被调查农户比 13.77%；参与其他经济组织的为 211 户，占被调查农户的比 18.99%。从上网购物使用工具看，47.16% 的被调查农户以手机为主兼电脑为辅，其次是电脑为主兼手机为辅（占 28.47%），而全部使用电脑、手机以及他人代购的被调查农户较少；从家庭网购花费来看，平均家庭网购花费 20 069.23 元。

表 3-10 总体调查农户基本情况

变量名称	变量说明及赋值	个数	频率（%）	均值	有效样本（个）
性别	男	809	72.82		1 111
	女	302	27.18		
年龄	单位：周岁	19	80	43.56	1 111
网商来源	本村	897	80.74		1 111
	本乡镇其他村	43	3.87		
	本县其他乡镇的村	41	3.69		
	本市其他乡镇的村	7	0.63		
	本省其他乡镇的村	43	3.87		
	外省农村	80	7.20		
教育水平	小学及以下	302	27.18		1 111

（续）

变量名称	变量说明及赋值	个数	频率（%）	均值	有效样本（个）
	初中	270	24.30		
	高中（含中专）	294	26.46		
	大专	138	12.42		
	本科及以上	107	9.63		
从事网商之前的身份	普通村民	420	37.80		1 111
	农业规模经营户	35	3.15		
	返乡务工村民	191	17.19		
	退伍军人	7	0.63		
	在外经商返乡村民	211	18.99		
	村干部	8	0.72		
	返乡大学生	158	14.22		
	其他	81	7.29		
风险态度	很喜欢冒险	45	4.05		1 111
	比较喜欢冒险	357	32.13		
	求稳	684	61.57		
	很保守	25	2.25		
健康状况	很好	523	47.07		1 111
	比较好	459	41.31		
	一般	119	10.71		
	比较不好	9	0.81		
	很不好	1	0.09		
家庭总人口	单位：人			3.93	1 111
参与组织情况	电商协会	165	14.85		1 111
	合作社	153	13.77		
	其他经济组织	211	18.99		
	没有参与	597	53.74		
上网购物使用工具	全部用电脑	13	1.27		1 022
	全部用手机	117	11.45		
	电脑为主，手机为辅	291	28.47		
	手机为主，电脑为辅	482	47.16		
	请人代购	119	11.64		
家庭网购花费	单位：元			20 069.23	993

数据来源：调查问卷。

3.3.4　网商农户基本情况

　　从表 3-11 可以看出,72.62%的被调查网商农户家庭以男性为主,平均年龄约 36 周岁,教育水平以高中(含中专)以上为主(占 72.81%),其中高中(含中专)为 37.45%、大专为 20.72%、本科及以上为 14.64%;73.00%被调查网商来自本村,其次是外省农户(占 9.32%);被调查农户的身份主要以返乡务工村民、在外经商返乡村民、返乡大学生为主导,三者占被调查网商农户的 72.62%,其中,返乡务工村民为 27.57%、在外经商返乡村民 21.10%,返乡大学生 23.95%;93.54%被调查网商农户健康状况很好或比较好,其中,很好占 59.13%,比较好占 34.41%;在风险态度方面,51.71%被调查网商农户很喜欢或比较喜欢冒险,其中,比较喜欢冒险占 44.68%,只有 7.03%很喜欢冒险;被调查网商农户的平均家庭总人口约 4 人。从被调查网商农户参与组织情况来看,共有 222 户参与了各类组织,占被调查网商农户比重 42.21%,其中,参加电商协会的有 121 户,占被调查网商农户比为 23.00%,参加合作社的有 50,占被调查网商农户比 9.51%;参与其他经济组织为 51 户,占被调查网商农户比 9.70%。从上网购物使用工具看,53.49%被调查网商农户以手机为主兼电脑为辅,其次是电脑为主兼手机为辅(占 38.76%),而全部使用电脑、手机以及他人代购的被调查网商农户较少;从家庭网购花费来看,平均家庭网购花费 24 594.17 元。

表 3-11　网商农户基本情况

变量名称	变量说明及赋值	个数	频率(%)	均值	有效样本(个)
性别	男	382	72.62		526
	女	144	27.38		
年龄	单位:周岁	19	73.00	35.81	526
网商来源	本村	384	73.00		526
	本乡镇其他村	32	6.08		
	本县其他乡镇的村	36	6.84		
	本市其他乡镇的村	3	0.57		
	本省其他乡镇的村	22	4.18		
	外省农村	49	9.32		
教育水平	小学及以下	30	5.70		526

（续）

变量名称	变量说明及赋值	个数	频率（%）	均值	有效样本（个）
	初中	113	21.48		
	高中（含中专）	197	37.45		
	大专	109	20.72		
	本科及以上	77	14.64		
从事网商之前的身份	普通村民	67	12.74		526
	农业规模经营户	13	2.47		
	返乡务工村民	145	27.57		
	退伍军人	3	0.57		
	在外经商返乡村民	111	21.10		
	村干部	4	0.76		
	返乡大学生	126	23.95		
	其他	57	10.84		
风险态度	很喜欢冒险	37	7.03		526
	比较喜欢冒险	235	44.68		
	求稳	245	46.58		
	很保守	9	1.71		
健康状况	很好	311	59.13		526
	比较好	181	34.41		
	一般	30	5.70		
	比较不好	4	0.76		
	很不好				
家庭总人口	单位：人			4.05	526
参与组织情况	电商协会	121	23.00		526
	合作社	50	9.51		
	其他经济组织	51	9.70		
	没有参与	311	59.13		
上网购物使用工具	全部用电脑	10	1.93		516
	全部用手机	28	5.43		
	电脑为主，手机为辅	200	38.76		
	手机为主，电脑为辅	276	53.49		
	请人代购	2	0.39		
家庭网购花费	单位：元			24 594.17	515

数据来源：调查问卷。

3.3.5 供应商农户基本情况

从表 3-12 可以看出，72.92％的被调查供应商农户家庭以男性为主，平均年龄约 52 周岁，教育水平以初中及以上为主（占 81.54％），其中初中为 28.17％、小学及以下为 53.37％；92.66％被调查供应商来自本村，其次是本省其他乡镇的村农户（占 2.58％）；被调查农户的身份主要以普通农户、在外经商返乡村民为主，二者占被调查供应商农户的 82.74％，其中普通农户为 69.64％、在外经商返乡村民 13.10％；81.55％被调查供应商农户健康状况很好或比较好，其中，很好占 32.34％，比较好占 49.21％；在风险态度方面，77.58％被调查供应商农户属于求稳型，而比较喜欢冒险与很喜欢冒险比例较小；被调查供应商农户的平均家庭总人口约为 3.79 人。从被调查供应商农户参与组织情况来看，共有 259 户参与了各类组织，占被调查供应商农户比重 51.39％，其中，参加电商协会的有 12 户，占比为 2.38％，参加合作社的有 101 户，占比 20.04％；参与其他经济组织的为 146 户，占比 28.97％。从上网购物使用工具看，39.53％被调查供应商农户以手机为主兼电脑为辅，其次是请人代购（占 27.53％）；从家庭网购花费来看，平均家庭网购花费 11 913.73 元。

表 3-12 供应商农户基本情况

变量名称	变量说明及赋值	个数	频率（％）	均值	有效样本（个）
性别	男	367	72.82		504
	女	137	27.18		
年龄	单位：周岁			52.55	504
供应商农户来源	本村	467	92.66		504
	本乡镇其他村	5	0.99		
	本县其他乡镇的村	4	0.79		
	本市其他乡镇的村	3	0.59		
	本省其他乡镇的村	13	2.58		
	外省农村	12	2.38		
教育水平	小学及以下	269	53.37		504
	初中	142	28.17		
	高中（含中专）	65	12.90		
	大专	13	2.58		
	本科及以上	15	2.98		

（续）

变量名称	变量说明及赋值	个数	频率（%）	均值	有效样本（个）
从事供应商之前的身份	普通村民	351	69.64		504
	农业规模经营户	19	3.77		
	返乡务工村民	27	5.36		
	退伍军人	2	0.40		
	在外经商返乡村民	66	13.10		
	村干部	4	0.79		
	返乡大学生	17	3.37		
	其他	18	3.57		
风险态度	很喜欢冒险	6	1.19		504
	比较喜欢冒险	92	18.25		
	求稳	391	77.58		
	很保守	15	2.98		
健康状况	很好	163	32.34		504
	比较好	248	49.21		
	一般	87	17.26		
	比较不好	5	0.99		
	很不好	1	0.20		
家庭总人口	单位：人			3.79	504
参与组织情况	电商协会	12	2.38		506
	合作社	101	20.04		
	其他经济组织	146	28.97		
	没有参与	251	49.80		
上网购物使用工具	全部用电脑	1	0.24		425
	全部用手机	87	20.47		
	电脑为主，手机为辅	52	12.24		
	手机为主，电脑为辅	168	39.53		
	请人代购	117	27.53		
家庭网购花费	单位：元			11 913.73	397

数据来源：调查问卷。

3.3.6　网供商农户基本情况

从表 3-13 可以看出，74.10% 的被调查网供商农户家庭以男性为主，平均年龄约 37.69 周岁, 教育水平以高中 (含中专) 以上为主 (占 77.78%), 其中高中 (含中专) 为 39.51%、大专为 19.75%、本科及以上为 18.52%; 56.79% 被调查网供商来自本村, 其次是外省农户 (占 23.50%); 被调查农户的身份主要以返乡务工村民、在外经商返乡村民为主, 二者占被调查网供商农户的 65.44%, 其中, 返乡务工村民为 23.46%、在外经商返乡村民 41.98%; 97.53% 被调查网供商农户健康状况很好或比较好, 其中, 很好占 60.49%, 比较好占 37.04%, 一般占 2.47%; 在风险态度方面, 96.30% 被调查网供商农户比较喜欢冒险和求稳, 其中, 比较喜欢冒险占 37.04%, 求稳占 59.26%; 家庭人口情况, 被调查网供商农户的平均家庭总人口约 4 人; 从被调查网供商农户参与组织情况来看, 共有 49 户参与了各类组织, 占被调查网供商农户比重 60.50%, 其中, 参加电商协会的有 32 户, 占被调查网供商农户比为 39.51%, 参加合作社的有 2 户, 占比 2.47%; 参与其他经济组织为 15 户, 占比 18.52%。从上网购物使用工具看, 48.15% 被调查网供商电脑为主兼手机为辅, 其次是农户以手机为主兼电脑为辅 (占 46.91%), 而全部使用电脑、手机以及他人代购的被调查网供商农户较少; 从家庭网购花费来看, 平均家庭网购花费 31 271.60 元。

表 3 – 13　网供商农户基本情况

变量名称	变量说明及赋值	个数	频率 (%)	均值	有效样本 (个)
性别	男	60	74.10		81
	女	21	25.90		
年龄	单位: 周岁			37.69	81
网供商来源	本村	46	56.79		81
	本乡镇其他村	6	7.41		
	本县其他乡镇的村	1	1.23		
	本市其他乡镇的村	1	1.23		
	本省其他乡镇的村	8	9.88		
	外省农村	19	23.50		
教育水平	小学及以下	3	3.70		81
	初中	15	18.52		
	高中 (含中专)	32	39.51		
	大专	16	19.75		
	本科及以上	15	18.52		

（续）

变量名称	变量说明及赋值	个数	频率（％）	均值	有效样本（个）
从事网供商之前的身份	普通村民	2	2.47		81
	农业规模经营户	3	3.70		
	返乡务工村民	19	23.46		
	退伍军人	2	2.47		
	在外经商返乡村民	34	41.98		
	村干部	0	0		
	返乡大学生	15	18.52		
	其他	6	7.41		
发现态度	很喜欢冒险	2	2.47		81
	比较喜欢冒险	30	37.04		
	求稳	48	59.26		
	很保守	1	1.23		
健康状况	很好	49	60.49		81
	比较好	30	37.04		
	一般	2	2.47		
	比较不好	0	0		
	很不好	0	0		
家庭总人口	单位：人			4.09	81
参与组织情况	电商协会	32	39.51		81
	合作社	2	2.47		
	其他经济组织	15	18.52		
	没有参与	35	43.21		
上网购物使用工具	全部用电脑	2	2.47		81
	全部用手机	2	2.47		
	电脑为主，手机为辅	39	48.15		
	手机为主，电脑为辅	38	46.91		
	请人代购	0	0		
家庭网购花费	单位：元			31 271.60	81

数据来源：调查问卷。

3.4　本章小结

本章主要分析了浙江省电子商务与农村电子商务发展的基本现状。首先，对浙江省电子商务发展概况进行分析，主要对省、市、县网民规模、网络零售与网络消费、电商产业基地等进行系统分析；其次，从农业产业、产业集聚、乡村跨境电商、乡村电子商务服务站点四个方面深入分析了浙江省农村电子商务发展状况；然后，再从微观层面上，分析了基于调研数据的调查村、网商、供应商、网供商基本特征。主要研究内容与结论如下：

（1）浙江省互联网普及率一直处于全国较高位置，互联网网民有近八成人口。浙江省网络零售额和居民网络消费额均呈现出明显的大幅度增加，从2015—2018年，网络零售和居民网络消费年均增长分别为29.99％、28.29％。市域网络零售额持续增长，经济越发达地区，网络零售额越高。同样，网络消费额也持续增长，经济越发达地区，其居民收入越高，相应地用于消费支出也越多。电商产业基地发展势头较猛，2015—2017年间，全省电子商务产业园区从2015年204个增加至2017年323个；国家级电商产业示范园区从2016年4家增加到2017年7家，总数跃居全国首位，省级示范园区从2016年6家增加到2017年21家。

（2）浙江是中国农村电子商务发源地，无论从发展历程还是规模来看，浙江省农村电子商务发展始终位居全国前列。2017—2018年全国跨境电商村前十强排名中，浙江省有7个村。2017年、2018年行政村农村电商服务站点覆盖率分别为58％、68.2％。

（3）调研村、农户基本特征。从调研村基本特征看，电商专业村与非电商专业村分别占比为40.00％、60.00％，45.71％村有村级电子商务服务站点，村道路路面硬化率为100％，电子商务发展主要依托特色农业、生态环境、区位条件、工业产业，发展电子商务带动了农业产业、工业产业、旅游产业及房屋租赁业发展。从调研总体农户基本特征看，72.82％为男性，教育水平以高中（含中专）以下为主（占77.94％），80.74％被调查农户来自本村，被调查农户的身份主要以普通村民、返乡务工村民、在外经商返乡村民、返乡大学生为主导，88.38％被调查农户健康状况很好或比较好，36.18％被调查农户很喜欢或比较喜欢冒险，47.61％被调查农户参与各类组织，平均家庭网购花费20 069.23元。

第 4 章　农村电子商务发展的价值形成机理

要研究基于农户视角的浙江省农村电子商务发展的价值贡献问题，对其价值形成机理的理论分析是核心任务之一。本章拟以政府、社会组织在农村地区投入资源要素以及农村自身的资源禀赋的投入与利用为切入点，在政府、社会组织及农户等参与主体学习过程中，在政府市场引导推动电子商务在乡村扩散过程中，在政府、企业、农户等多方主体促进电子商务与乡村产业融合过程中，不断产出推动农村电子商务快速发展的诸多要素条件，最后实现政府目标和满足农户需要的经济、社会、文化、生态等价值的效果，为第 5、6 章进行基于农户视角的浙江省农村电子商务价值贡献模型构建与检验、实证分析和第 7 章进行基于农户视角的浙江省农村电子商务典型案例进行更深入的分析提供理论支撑。

4.1　基于逻辑理念模型的农村电子商务价值形成理论框架建构

4.1.1　农村电子商务价值形成框架建构理论依据

逻辑模型由美国国际开发署在 1970 年提出。逻辑模型被认为是项目规划和项目定义的重要工具。可以在 Chen 和 Rossi（1983，1992）的"项目评估理论"中找到其基础，该理论旨在描述从项目开始到目标实现，以及项目或政策背后的变更管理之间的因果关系。一般来说，依据逻辑理念构建的分析框架都包含投入（Input）、过程（或活动 Process）、产出（Output）、效果（Effect）4 个维度（简称 IPOE 框架），其中，投入是指资源要素投入的程度；过程是指资源调动、管理；产出是指对活动实施而产生产品以及服务的结果；效果是指产出物质多大程度上实现政府目标和满足公众需要。逻辑模型产生最初主要被用于对项目的评价，国际组织多采用逻辑模型作为项目的计划、管理和评价方法。近年来，国内外一些学者们将逻辑模型运用于政府计划以及绩效中，主要目标是形成一条剖析事件发展过程的逻辑链。在国外，比如：Annie Millar 认为逻辑模型是政府计划实施管理的系统工具[203]。David A Julian 采用逻辑模型对道路规划项目进行评估，结果表明，逻辑模型适用于规划项目领域，为了实现长期社会目标需要通过实施多种短期干预措施[204]。在国内，比如：曹安、汪晶晶等根据逻辑理念模型从投入、产出、效果三个维度构建了城市社会林业可持续发展能力分析框架，评价结果显示，各维度指标均能较好地反映城市社会林业可持续发展能力，在效果方面，社会效益和生态效益较好，经济效益并未得到重视[205]。杜鑫昱、夏建国、章大容认为逻辑模型的 IPOE 维度可以通过指标体现项目从投入到实施过程按照计划目标获得的预期产出及其产生的效果，并运用 IPOE 评价框架，从投入、过程、产出、结果 4 个维度入手，建立评价体系，对土地整理项目进行绩效评价。结果表明，运用逻辑模型评价框架，建立评价指标体系，符合综合绩效理念，在效果方面，生态保护和提高农业生产力上效果突出，"公众满意"这一价值尺度反应良好[206]。颜海娜、杨雪娟借助 IPOE 逻辑模型构建了一套食品安全专项资金绩效测量指标体系，实证分析的结果显示，社会经济效益发挥较好[207]。罗文斌也认为 IPOE 维度可以通过指标来反映经济性、效率性、效益性和公平性，也能够较好体现结果绩效与行为绩效相结合的特征[208]。

已有研究表明，逻辑理念模型构建的分析框架具有很好的适用性。就农村电子商务发展价值形成过程而言，也是反映人们从投入到效果的一个逻辑链过程，投入、过程、产出、效果维度主要表征农村电子商务发展过程中政府、社会组织在农村地区投入资金、技术、人力以及农村的资源禀赋投入与利用，并在政府、社会组织及农户等参与主体不断学习和政府市场引导过程中，产出农村电子商务快速发展的诸多要素条件，最后实现政府目标和满足农户需要的农村电子商务发展的效果。可见，农村电子商务发展整个产生的价值过程，需要有投入、有过程、有产出、有效果，跟逻辑链结构很相似，所以本书借鉴逻辑模型框架思路来构建农村电子商务发展的价值形成过程分析框架。当然，也有学者为了研究区域创新能力，同样提出了 IPOE 模型框架。例如：贺小刚教授提出了创新能力体系的 IPOE 模型框架，该 IPOE 分别是指创新投入（Input）、创新过程（Process）、创新产出（Output）和创新经济效应（Economic Impact），并运用此模型四个维度，建立评价体系，对上海市区县创新能力进行综合评价[209]。

4.1.2　农村电子商务价值形成理论模型框架（IPOV）建构

4.1.2.1　IPOV 模型构建

基于上述讨论，可以发现，不同学者因为各自关注的领域与研究对象的不同，在借鉴逻辑模型框架思路进行研究时所构建的模型也是不同的。比如：曹安、汪晶晶等只是对城市社会林业可持续发展能力某一时点进行评价，而并非某个发展阶段的评价。因此将作为"黑匣子"的"过程"这一环节略去。在效果维度上，有的学者构建了经济、社会、生态三个子维度，有的学者只构建了经济、社会二个子维度，也有学者只从综合效益子维度出发构建指标。综上所述，可以得到这样的结论：各分析模型的构建是与学者们的关注领域与研究对象紧密相关的。

而本书关注的领域与研究对象是农村电子商务，并且强调了产出转化为经济价值、社会价值、文化价值、生态价值。因此，在文献回顾和总结相关学者借鉴逻辑模型框架思路进行研究的基础上，结合本书所关注的领域与研究对象，提出了自己的 IPOV 模型，如图 4-1 所示。在该模型中，I 代表投入（Input），P 代表过程（Process），O 代表产出（Output），V 代表价值（Value），

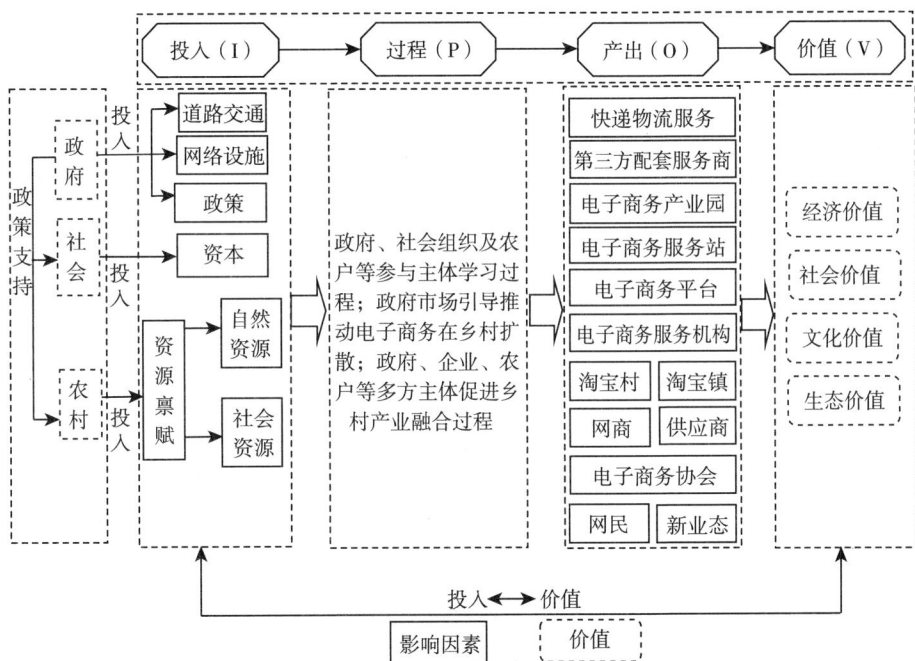

图 4-1　农村电子商务发展的价值形成路径图

其中，价值包括经济价值（Economic Value）、社会价值（Social Value）、文化价值（Cultural Value）、生态价值（Eological Value）。农村电子商务发展过程涉及4个环节，在不同环节上，呈现不同表征。

4.1.2.2 IPOV 模型各环节表征

（1）投入环节

投入环节上，政府在市场需求、规模效应推动下出台各类政策措施以鼓励与支持农村电子商务发展，逐渐形成包括网商、供应商以及第三方服务商等专业化分工的集聚效应。政府、社会组织在农村地区投入资源要素以及农村自身的资源禀赋的投入与利用，其中，政府主要投入道路交通、网络设施以及为推动农村电子商务发展而制定的政策措施。农村电子商务发展离不开社会各组织，主要包括电商企业、农业合作社、物流企业、涉农企业等，社会各组织主要投入人力、技术、资金。农村电子商务发展的落脚点在农村，农村电子商务发展成功与否，关键在于农村资源禀赋投入与利用，主要包括地理位置、自然资源、文化资源、人力资源等。

（2）过程环节

过程环节上，在政府、社会组织在农村地区投入资源要素以及农村自身资源禀赋的投入与利用基础上，过程环节包括：政府、社会组织及农户等参与主体的学习过程，政府通过市场引导推动电子商务在乡村的扩散过程，政府、企业、农户等多方主体促进电子商务与乡村产业的融合过程，不断产出推动农村电子商务快速发展的诸多要素条件。

（3）产出环节

产出环节上，在投入与过程两个环节不断驱动下，形成了农村电子商务发展必须具有的参与主体、物流服务载体、电子商务平台、电子商务服务机构、空间载体、新业态等要素条件。其中，主体包括网商、网民、供货商、电子商务协会、第三方服务商（美工、摄影、网店装修、代运营等第三方服务商）。物流服务载体主要涉及像京东、顺丰、圆通等大型物流快递企业在乡村设立物流站点以及本土培育的物流公司。电子商务平台涉及淘宝、京东等大型电商平台及像遂昌"赶街网"、永康"最土网"等本土自建农村电商网络平台。电子商务服务机构主要是由政府出资、企业运营，开展培训、咨询等对外公共服务。空间载体主要涉及政府投资兴建的电商产业园，有网商、供应商及第三方服务商形成的淘宝村，有多个淘宝村形成的淘宝镇。新业态主要是电子商务与乡村产业融合形成的"电子商务＋农产品""电子商务＋乡村轻工业产品""电子商务＋乡村手工艺品"等新模式新业态。

（4）价值环节

价值环节上，在投入、过程、产出三个环节不断驱动下，最终实现政府目标和满足农户需要的经济、社会、文化、生态等价值效果。从经济价值看，主要涉及乡村各类产品上行、工业品下行、农户增收、生产方式改变、产品销售规模增加、产品质量品牌提升、生产效率明显提高、获得产业技术服务与培训、产品销售成本降低、农村合作经济组织规模扩大、乡村产业结构重塑、农业产业结构调整等。从社会价值看，主要涉及农村基础设施更加完善、生活方式改变、返乡与外来人员增多、家庭社会地位提升、消费能力提升、农民素质能力提高、沟通交流更加便捷、乡村社会关系重塑、城镇化、扶贫等。文化价值主要体现在乡风文明建设、乡村商业文化氛围、城乡文化融合等。从生态价值看，主要涉及农户生态意识增强、促进了生态产品销售、生态产业发展等。

4.2　农村电子商务发展的价值形成机理分析

4.2.1　投入环节

4.2.1.1　政府投入

政府是农村电子商务发展的主要推动者，在投入环节上，政府投入主要包括道路交通、网络设施以及为推动农村电子商务发展制定的政策措施。

（1）道路交通

道路交通是发展农村电子商务的基础条件，是影响农村电子商务发展的重要因素。由于道路交通具有公共品属性，因此道路交通主要依靠政府来投资修建。具体到农村电子商务发展中，主要指行政村道路硬化率与自然村道路硬化率。相关研究表明，在其他条件不变的情况下，如果农村交通运输系统越完善，农户在货物运输以及人员往来等方面就会越有优势，降低农户运销成本可提高利润，进而对农户从事电子商务产生更大的吸引力，越有利于农村电子商务发展。相反，如果农村交通运输系统不完善，农产品、农村轻工业品、农村手工艺品运输以及人员往来等方面需要付出更多成本，显著增加农民从事电子商务活动交易费用，进而拉低农户投资回报率，降低农户从事电子商务活动的可能性，越不利于农户采纳电子商务。因此，道路交通将对农户采纳电子商务起到正向影响，即道路交通与农户采纳电子商务成正相关。当然，并不是一个地方行政村道路硬化率与自然村道路硬化率越高，其相应地采纳电子商务的农户就越多，农户采纳电子商务是由多要素共同推动，比如网络设施、政策措施激励等。

（2）网络设施

同道路交通一样，网络设施也是发展农村电子商务的基础条件，具有公共品属性，因此其主要依靠政府来投资修建。具体到农村电子商务发展中，主要指行政村网络覆盖率与自然村网络覆盖率以及网络技术的提高。只有农村建设网络设施，农民才能借助上网设备在电子商务网络平台上开网店售卖农产品和购买生产生活用品，进而农村网商、网民数量才能逐渐形成一定的规模，农村电子商务才能发展起来。相反，如果农村网络设施不完善或根本没有，农民便无法利用电子商务网络平台从事电子商务活动。因此，只有政府投入建设完善的网络设施，大型电子商务网络平台企业才能开设地方特色馆，以及吸引地方社会资本自建农村电子商务网络平台，农户才能借助农村电子商务网络平台开展线上交易，农村电子商务才能快速扩散，所以，网络设施是农村地区发展电子商务的重要基础条件。

（3）政策

政策是农村电商发展的要素之一。政府在市场需求、规模效应推动下出台各类政策措施以鼓励与支持农村电子商务发展，逐渐形成包括网商、供应商以及第三方服务商等专业化分工的集聚效应。例如：自 2005 年以来，国家先后制定各项政策文本从金融支撑、硬件设施、快递物流、经营主体、电商意识、特色产品、交易规则以及其他服务支持等八大方面引导要素向农村集聚[210]，激发或吸引企业愿意发展农产品电子商务业务[211]。相关研究证实，在其他条件不变的情况下，政策支持力度越大的村庄，其网商农户、供应商农户以及第三方服务商数量相对较多，产业集聚效应相对较强。相反，没有政策支持的农村，其网商农户、供应商农户以及第三方服务商数量相对较少，产业集聚效应相对较弱。因此，政策措施是电子商务在农村地区快速扩散的充分条件。此外，政府除了在道路交通、网络设施等方面建设投入以及出台扶持政策，还制定《电子商务法》进行制度建设，建设专门为"三农"服务的网站，这些方面的投入，在不同程度上推动了农村电子商务的发展。

4.2.1.2 社会组织投入

社会组织主要包括第三方服务企业、乡村工业企业、农业合作社等，社会各组织是农村电子商务发展的中间力量，起到桥梁与纽带作用，也是农村电子商务发展的重要推动者。农村电子商务发展离不开社会各组织的人力、资金等投入。

（1）第三方服务企业投入

第三方服务企业主要在电商配套服务、网站建设、快递物流、农村电子商务服务站点等诸多方面进行资金投入。具体就农村电子商务服务站点来讲，在其他条件不变情况下，企业在农村布局电子商务服务站点越多，农产品上行和工业品下行规模越大，进而促进了农民增收与生活便利化。同样，在其他条件不变的情况下，企业在电商配套服务、网站建设、快递物流等诸多方面投入越多，越有利于农村电子商务发展。尤其是像阿里巴巴、京东等这种大型电子商务企业、农村电子商务企业（遂昌赶街网公司）以及社交电商企业（微信、云集、顺联动力等企业）等第三方服务企业开展农村电子商务发展战略的推动，促进了农村电子商务快速扩散蔓延。

（2）乡村工业企业投入

根据交易费用理论可以推出，相比于传统线下直接交易和间接交易，企业在平台上交易成本进一步地下降，具体表现在信息、商品和资金的流动成本都在下降。随着实体产业与互联网结合的趋势日益增强，企业会决定投资线上渠道[211]。乡村工业企业出于成本费用降低考虑，会在电商相关人员、产品品牌推广及网店软硬件设施等方面投入，以减少交易环节，节省市场搜寻成本，实现企业利润最大化。一般来说，在其他条件不变的情况下，乡村工业企业在人员、资金等方面投入越多，企业销售规模越大，相应的企业盈利越多，企业摆脱由互联网带来的发展困境的可能性就大。

（3）农村专业合作社投入

依据交易费用理论可以推出，农村专业合作社采纳电子商务，可以减少交易环节，降低市场搜寻成本，进而降低交易成本。农村专业合作社也是农村电子商务的主要推动者。在其他条件不变的情况下，农村专业合作社借助农村电子商务网络平台实现农产品销售规模扩大，进而促进合作社扩大农产品生产规模，进一步扩大农业生产劳动者投入，促进农民收入增加。农村专业合作社参与农村电子商务在帮助农户提高自身收益的同时，还能发挥"竞争标尺效应"，有效避免投资者所有的公司（IOF）的机会主义行为发生。

4.2.1.3　农村的资源禀赋投入与利用

农村电子商务发展的落脚点在农村，根据资源禀赋理论可以推出，农村电子商务发展成功与否，关键在于农村的资源禀赋投入与利用，其主要包括自然资源与社会资源。其中，社会资源主要涉及乡村文化资源和劳动力资源。

（1）自然资源禀赋

自然资源条件包括区位、气候、水质、土质等条件。其中，区位条件主要是指乡村距离城市远近或处于经济发展程度的区域位置。一般来讲，乡村距离城市越近，物流成本越低，加上城市经济的溢出效应对其的影响作用，在其他条件不变的情况下，对农村电子商务发展越有利。同样，如果乡村处于经济越发达的区域，受区域经济活力的溢出效应影响程度越深，相应地，也会影响农村电商的发展，反之亦然。同时，乡村气候、水质、土质等资源条件对农村电子商务发展有双重影响。一方面，良好的自然条件能够生产出区域特色产品，利用农村电子商务网络平台，实现"电子商务＋特色农产品"发展模式。由于农产品生长条件主要是气候、水质、土质等自然条件，这些自然条件决定了其品质，在很大程度上决定了一个地区农产品比较优势，进而影响到农产品网络销售。比如：浙江省云和县特有的温度、降水量、地形、土壤等自然条件造就了其雪梨果大皮薄、汁多、味甜、芳香、果心小、网络销量好。因此，在其他条件不变的情况下，拥有地方特色农产品，其网络销量就越好，反之亦然。另一方面，良好的自然条件，势必形成良好的自然生态环境，可以借助"电子商务＋"力量，发展"电子商务＋"休闲农业、民宿等新业态，促进电子商务与乡村产业融合发展。也可以说，在其他条件不变的情况下，拥有良好的自然生态环境，借力"电子商务＋"力量，实现产业融合程度就会越高。

（2）社会资源禀赋

社会资源禀赋包括文化资源、劳动力资源。其中，文化资源包含民俗风情、古建遗存、传统技艺等诸多方面。相关研究表明，文化资源对农村电子商务有两个方面作用。一方面是利用"电子商务＋乡村文化旅游"，推动乡村旅游业发展；另一方面，对乡村传统文化进行挖掘，创意出新产品，借助农村电商网络平台进行推广、扩散，助推乡村产业发展。在其他条件不变情况下，乡村文化资源越丰富，借助"电子商务＋"力量，实现乡村产业融合发展就会越好。就劳动力资源来讲，主要是指农村青壮年劳动者。一方面，农村电子商务的发展，需要农民在熟悉农产品相关知识的基础上学会运用电子商务技术，快速回应在线顾客的问题。一般情况下，农村青壮年劳动者文化水平越高，学习能力越强，愿意接受新鲜事物，开网店后成功的概率相对较高。另一方面，农村青壮年劳动者作为乡村收入水平较高的群体，在创新精神、创业能力方面相对较强，提升了其参与农村电子商务的意愿。同时较高收入的农村青壮年劳动者将资金投入农村电子商务，为农村电子商务发展提供了资金支持。

4.2.2　过程环节

4.2.2.1　主体参与学习过程

农村电子商务在乡村的扩散过程，也是各参与主体的学习过程，同时，主体学习过程也即是网商农户、供应商农户、第三方服务商、电商协会等的形成过程。对于参与主体农民而言，其参与学习过程主要包括自学与参与政府或社会机构组织的培训。除了个体农民以外，政府相关部门、乡村工业企业、农民专业合作社等组织也会积极拥抱电子商务带来的发展机遇。农民自学过程是建立在社会网络关系基础之上，在农村熟人社会里，信息封锁很难做到，相反，信息扩散较之陌生人社会的城市社区而言要迅速，在乡村社会网络中，一旦有人通过开网店实现了收入或身份地位明显改变，就会有人随之模仿，通过自学或向社会关系网络中的熟人请教有关网店相关知识，进而效法身边熟人在电子商务网络平台注册店铺，以此来达到自己利益诉求和身份地位改变。然而，随着互联网迭代升级，传统的农村电子商务营销模式在经过巅峰之后逐渐暴露出其缺陷与滞后，像抖音、短视频、在线互动直播等新媒体营销模式，使得在熟人社会的相互传播已经远远不能满足网店经营者对农村电子商务知识技能需求，于是农户由自主学习过程转向参与政府或社会机构组织的农村电子商务培训。

社会各组织学习过程主要通过派遣组织内部人员去农村电子商务发展较好的地区和组织进行参观考察，或通过电子商务培训机构进行培训，或邀请电子商务专家到组织来，以讲座、短期培训等形式实现组织成员电子商务知识技能提升，且这一过程是不断持续的学习历程。不同组织学习过程及目的不同，对政府相关部门来说，出于网络经济效益，派遣组织人员出去考查学习农村电子商务发展较好地区的先进经验做法，实现本区域内农村电子商务快速发展。对工业企业来讲，也是基于模仿行为开展电子商务，其主要动因在于网络经济形成了一个全球的虚拟市场，能够拓宽产品销售渠道，降低成本，打响品牌，规避投资风险。企业通过派遣或组织电子商务运营员工进行再培训，不断提高员工借助电子商务网络平台实现产品运营能力。就农民专业合作社来说，由于组织成员以农民为主体，其成员参与学习过程主要包括自学与参与政府或社会机构组织的培训。

4.2.2.2 政府市场引导过程

在农村电商发展过程中，政府部门通过制定规划和出台政策，不仅可以为农村电子商务经营主体带来更多的实惠，也为在农村地区开展电子商务活动创造良好的外部环境，进而对农村地区发展电子商务产生很强的引导作用。政府市场引导过程也既是企业投资行为过程。具体来讲：首先，在网络经济效益驱动下，政府部门通过制定政策措施积极引导大型电子商务企业、物流公司业务下沉，构建农村电子商务网络平台、电子商务服务机构、农村电子商务服务站点。政府部门还通过购买服务方式，建立电子商务服务机构，为各主体提供培训、咨询等公益性服务，从而培育、孵化电子商务参与主体，促进农村电子商务发展。其次，政府基于产业集聚效益，建立电子商务产业园区，为网商、电子商务企业及配套服务企业提供空间载体。再次，随着政府扶持力度的增大，从政策、资金等层面为农村电子商务发展提供的支持也越来越多，促进越来越多在外务工人员返乡创业，也促进了越来越多留守农户参与农村电子商务活动。

4.2.2.3 产业融合过程

乡村振兴的首要任务是产业振兴。而发展农村电子商务目的就是要促进乡村产业发展，农村电子商务作为一种商业模式或者营销手段，在乡村产业销售环节发挥重要作用。乡村产业主要是农业产业、乡村工业及乡村旅游业，实现电子商务与乡村产业融合发展，是政府、企业、农民三方共同目标。就其融合过程来看，产业融合过程就是电子商务渗透过程，也是新业态形成过程。首先，电子商务对农业产业的渗透过程，在农业产前、产中、产后生产过程中，利用抖音、短视频或者实况直播形式进行宣传，在网络平台进行售卖。比如：遂昌县高坪乡茶树坪村，通过农村电商网络平台实况直播梯田水稻种植情况，实现了网络平台生态大米高价销售（20元/千克），带动了传统农业产业发展。其次，电子商务对乡村工业产品渗透过程，通过电子商务网络平台将工业产品生产过程拍摄成视频、照片或实况直播等形式，展现在消费者面前，让消费者产生兴趣、信任，从而实现网络销售。再次，电子商务对乡村旅游业的渗透过程，也是将乡村特有文化、特产、自然景观等拍摄成短视频、照片或实况直播等形式，通过网络平台进行传播，实现网络订单、预约等多种方式。比如：遂昌县高坪乡茶树坪村借助农村电商网络平台，成为区域"网红"乡村，带动了乡村旅游业发展。

4.2.3　产出环节

产出环节上，在投入与过程两个环节不断驱动下，形成了农村电子商务发展必须具有主体、物流服务载体、农村电子商务服务站点、电商网络平台、配套服务载体、空间载体等要素条件。

4.2.3.1　参与主体

参与主体主要有网商、供应商、网民、第三方服务商、电商行业协会。

（1）网商

根据理性小农学派观点，在完全理性、完全信息假设条件下，一些农户采纳电子商务与消费者直接交易，实现利益最大化，农户成为网商。在有限理性、信息不完全假设条件下，一些农户通过学习电子商务相关技能知识，由有限理性、信息不完全条件上升为完全理性、完全信息条件，进而农户采纳电子商务与消费者直接交易，实现利益最大化，农户成为网商。已有研究表明，网商数量及素养也是影响农村电子商务发展的重要因素。一方面农村要发展电子商务需要充足的网商数量，并形成一定规模，尤其是淘宝村、淘宝镇形成过程，即网商数量快速增长过程，网商充足与否对农村电商产业集聚具有决定性作用；另一方面，农村电商发展还需要网商具备一定素养，即网商具有运用电子商务开展商务活动的知识技能，实现网店运营成功率。因此，网商数量及其素养对农村电子商务发展产生重要影响。在其他条件不变的情况下，网商数量越多，农村地区产生电商集聚效应越强。同样，在其他条件不变的情况下，网商素养越高，网店正常维护运营效果就好，网店生命周期就越长，其示范效应就越强，进而会促进更多网商通过学习不断提高自身素养，从而更多网店运营效果就好，农村地区产生电商集聚效应越强。因此，农村网商数量与素养已经成为影响农村电商发展兴盛和村域经济发展的关键要素。

（2）供应商

根据西蒙理性小农观点可以推出，在有限理性、信息不完全假设条件下，客观上使得农户难以追求利润最大化，农户为网商提供网货，追求最为满意的效益，农户成为供应商。相关研究表明，供应商[①]规模、供应商的产品数量、价格与品质是影响农村电子商务发展的重要因素。由于网络销售的规模效应，网店的长期运营需要源源不断的货源，这需要网商在经营网店过程中构建供应

---

① 注明：供应商是指为网店提供商品的个人或企业、农民合作社等组织。

商网络。一般而言，在其他条件不变的情况下，供应商规模越大，提供的产品越多，网商销售规模越大，网商收入越多，越能够催生更多农户采纳电子商务，反之亦然。以农产品销售为例，由于农产品固有的生产特性及分散的经营特征，网商需要联系农户提供网络货源，如果该农产品成为网络销量"爆品"，就需要更多的农户提供该产品。同理，就某种农产品而言，在其他条件不变的情况下，供应商提供农产品数量越多，网商销售规模越大，网商收入越多，越能够催生更多农户采纳电子商务，反之亦然；同样，就某种产品价格而言，在其他条件不变时，供应商提供农产品价格越低，网商网络销售产品的价格比较优势越明显，网络销售的规模越大，网商收入越多，越能够催生更多农户采纳电子商务，反之亦然；同样，就某种产品品质而言，在其他条件不变时，供应商提供农产品品质越好，网络消费者回购率越高，网商销售该产品的规模越大，网商收入越多，越能够催生更多农户采纳电子商务，反之亦然。

（3）网民

依据农村电子商务理论，网络的开放、互联、无边界特征使农村电子商务必然突破时空限制从而具备全球化特征，网络消费者以低价、便捷地实现更多的消费选择。网民即网络消费者。网络消费者规模、收入水平、购买意愿等因素对农村电子商务发展有重要影响。农村电子商务发展不仅需要大量网商群体销售产品，也需大量网络消费群体购买产品。就某种网络商品销售而言，在其他条件不变的情况下，网络消费者规模越大，总体网络销售数量就越多。同样就某种网络商品销售而言，其他条件不变的情况下，网络消费者收入水平越高，其购买力就越强，总体网络销售数量就越多。通常来说，网络消费者对网上购物满意度越高，重复购买概率就高，进而增加网络商品市场需求，商品实现产销两旺，促使更多人开设网店，由需求增加推动电商和产业同时发展，反之亦然。

（4）第三方服务商

根据亚当·斯密关于劳动分工观点可以推出，农村电子商务发展需要专业化社会劳动分工，网商经营网店过程中，为了节约培训成本，减少工作转换次数，节约劳动转换时间，专注于网络店铺打理，会将网店装修、产品推文、运营推广、产品拍摄等方面工作进行服务外包，以提高工作效率，从而增加更多的收入。在农村电子商务发展中，随着第三方服务企业的农村电子商务发展战略及电子商务业务下沉，相应的农村物流、农村电子商务网络平台、快递等相关支撑行业不断向农村集聚，伴随这些行业而来的运营推广、美工设计和数据分析等第三方服务商越来越集聚。相关学者研究表明，如果农村各类电商服务商越多，其他条件不变时，网店就能得到更好服务，进而增强网店运营效果，开网店成功的概率就越高，示范效应就越强，农村地区电商产业集聚的可能性越高。

（5）电商行业协会

根据布诺梭（Bruso）的"两阶段"模型可以推断，当农村电子商务发展到一定阶段，各参与主体达到一定数量规模，无序竞争开始出现，为了提升行业竞争力，电子商务协会应运而生，并对集群提供各种各样的社会化服务。由于个体网商本身的资金、文化的特征，个体网商在从事电子商务活动时，规避和抵御风险的能力较差，其组织结构特征不能适应互联网全球供销的本质特征。而电商行业协会把个体网商、涉农企业、农村专业合作社等通过自愿参与的形式而组织起来，实现以协会引领并整合优势资源，提供诸如整体营销、创业者的免费培训等服务。因此，电商行业协会是推动农村电子商务发展的重要因素。由此可见，在同等条件下，加入电商协会的网商会获得更多的服务与帮助，其网店经营成功的概率较高，反之亦然。

4.2.3.2　物流服务载体

物流服务载体主要涉及像京东、顺丰、圆通等大型物流快递企业以及本土培育的物流公司在乡村设立物流服务站点。物流服务载体是农村电子商务发展不可或缺的重要一环，承担线上交易后实体类商品后续服务环节。一般而言，一个地区农村物流发展水平越高，越能够促进当地农村电子商务发展，同样，一个地区农村电子商务发展速度越快，越能够促进农村地区物流发展。可见农村物流与农村电子商务两者之间相互促进，相互制约和影响。农村物流水平由多方面因素共同决定的，主要包括物流覆盖率、物流从业人员规模、物流配送时效等。通常来看，农村物流覆盖率越高的地区可以将市场需求的农产品和工业品快速转运，也意味着该地区对农产品和工业品转运能力较强，从整体环境上为农村电子商务发展营造出一种通达、便捷、高效的物流运输服务体系，从而吸引更多的人进入该地区开展电子商务活动。物流从业人员规模也是农村电子商务发展的重要影响因素。相关研究发现，如果一个农村区域物流从业人员较多，意味着该地区购买的工业品或销售的农产品频次较多，也说明该农村区域电子商务比较活跃，那么人们在该农村地区开展电子商务活动的可能性越大，反之亦然。

物流配送时效是指物流公司在能预计的最短时间内高效率使得货物安全地

从收运、运行、分拨、配送到达客户签收，即时间＋效率。物流配送时效量化指标主要包括配送准时率、配送达标率等。在其他条件不变的情况下，配送准时率越高，货物的流通速度越快，货物积压减少越能够节约物流成本分摊，使网商经营成本降低，以致降低产品价格，从而吸引更多消费者购买，促进农村电子商务发展。同样在其他条件不变的情况下，配送达标率越高，物流损失越小及消费者满意度越高，越能够促进农村电子商务发展。

4.2.3.3 农村电子商务服务站点

农村电子商务服务站点不仅承担乡村物流配送功能，更重要的是为农户提供代买、代卖以及诸如代缴水电费、电话费、网络贷款等本地化便民服务。因此，农村电子商务服务站点覆盖率是衡量一个地区农村电子商务发展的重要指标，主要包括行政村电子商务服务站点覆盖率和自然村电子商务服务站点覆盖率。相关研究证明，一个地区农村电子商务服务站点覆盖率越高，农村电子商务发展相对较好，反之亦然。具体到代卖农产品而言，有农村电子商务服务站点的村，农户可以将闲散农产品送到服务站点进行销售，节约农户产品销售成本，从而增加农户家庭收入。同样，农村电子商务服务站点的其他功能为本地农户带来了诸多便利化服务。因此，农村电子商务服务站点覆盖率是影响农村电子商务发展的重要因素。

4.2.3.4 农村电子商务网络平台

根据交易费用理论可以推出，由于网络平台可以直接与消费者进行商品交易，减少了交易环节，节省了网商农户的交易成本，同时在交易进行的过程中实现信息、商品、资金三流合一，这是农户采纳电子商务网络平台从事商务活动的重要缘由。具体到自建农村电子商务网络平台来看，为了打通本地农产品销路，打响区域农产品知名度，加快农民增收致富，一些地方在政府、企业等多方共同努力下，建立以本地农产品销售为主的农村电子商务网络平台，助推地方特色农产品面向虚拟网络市场，帮助网商农户提升效率、提高竞争力。如遂昌赶街网是目前知名度比较高的自建农村电子商务网络平台。

4.2.3.5 电子商务服务机构

根据布诺梭（Bruso）的"两阶段"模型可以推断，当区域内网商农户数量达到一定规模以后，也就是农村电子商务发展到一定阶段，地方政府在市场需求、规模效应作用下成立电子商务服务机构，进一步推动农村电子商务在区域内快速扩散，形成集聚效应。电子商务服务机构主要是指由地方政府出资成立并主管，采用企业运营、公益为主、市场为辅的运营方式，开展主体培育、孵化支撑、培训、咨询、平台建设、营销推广等方面对外公开服务。因此，电子商务服务机构在农村电子商务发展过程中，起到了强有力的推动作用。一般来说，在其他条件不变的情况下，一个地方有电子商务服务机构，农村电子商务发展相对较好。就电子商务服务机构的服务项目来讲，其开展的服务项目越多，越有利于农户采纳电子商务。

4.2.3.6　空间载体

依据马歇尔"产业区"观点可以推出，拥有良好的区位条件与自然资源禀赋的乡村，更容易吸引大量网商、供应商、第三方服务商逐渐向该地区集聚，形成电子商务产业集聚区。农村电子商务发展的空间载体主要涉及政府或企业投资兴建的村级网商孵化中心、乡（镇）级创业园、县级电商产业园区，还包括有一定数量网商、供应商、第三方服务商集聚于某个特定村落，也就是淘宝村或电商村，以及有一定数量的淘宝村或电商村连片发展而形成的淘宝镇。相关研究证实，空间载体的区位、设施服务、租金等条件是影响农村电子商务发展的重要因素。一般情况下，区位、设施服务条件越好且租金越低的空间载体，越能够吸引网商、供应商、第三方服务商进驻，其空间集聚效应越强，农村电子商务发展越好。

4.2.3.7　新业态

相关研究已经证实，新业态形成过程是由网络技术与乡村产业不断地融合所致。从某种意义上讲，新业态也是农村电子商务发展的重要表现形式，其对农村电子商务发展的影响主要是起到示范效应。而以"电子商务＋"乡村产业的新业态，其表现形式取决于电子商务在农村应用的深度与广度。就电子商务在农村某产业运用的深度与广度来说，在其他条件不变的情况下，电子商务在该产业运用的越深越广，越能够拓宽该产业发展路径，使一度面临发展路径锁入和自我边缘化的该产业实现路径突破的可能性越大，进而形成示范效应，促进更多农户效仿，推动电子商务在农村发展。

4.2.4　价值环节

效果环节上，主要有经济价值、社会价值、文化价值、生态价值。

4.2.4.1　经济价值

从经济价值看，主要涉及乡村各类产品上行与工业品下行、农户增收、生产方式改变、产品销量增加、产品质量品牌提升、生产效率明显提高、获得产业技术服务与培训、产品销售成本降低、农村合作经济组织规模扩大、乡村产业结构重塑、农业产业结构调整等方面。

（1）促进乡村各类产品上行与工业品下行

基于农村电子商务理论，农村电子商务网络平台实现乡村农产品、乡村轻工业品、乡村手工艺品及城市工业品跨越时空交易，使得交易活动可以在任何时间、任何地点进行。农户主要通过 F2C、F2M2C、F2M2B 三种模式实现产品销售及 B2C、B2M2C 商务模式购买生产、生活用品。同时，物流快递企业业务下沉及其他社会资本建立农村电子商务服务站点，为农户网络销售农产品、乡村轻工业品、乡村手工艺品以及网络购买工业品打通"最后一公里"的物流配送服务。

（2）促进农户增收

基于农村电子商务理论可以推出，发展农村电子商务给农户带来不同的增收方式。农户利用农村电子商务网络平台创业，直接与消费者进行交易，减少销售环节，降低市场搜寻成本，实现创业增收。同理，农户给各类网商提供产品，实现供货增收。农户利用网络平台销售产品又给各类网商提供产品，实现创业与供货双增收。此外，农民可以从网上了解信息，有计划地组织生产，避免生产的盲目性，降低生产风险，从而避免经济损失，间接促进农户增收。根据森的可行性能力理论，农户参与农村电子商务带来收入增加，是农户获得功能性活动工具的重要指标，是增强农户可行性能力的一个重要途径。

（3）生产方式改变

基于农村电子商务理论可以推出，农户可以通过 F2C、F2M2C、F2M2B 三种模式实现不同的生产方式。一是订单式生产方式。农户可以通过农村电子商务网络平台同购买者在线就产品数量、规格、价格等达成协议，实现订单式生产，这种生产方式一般情况下符合规模农业经营户。二是定制式生产方式。农户可以通过农村电子商务网络平台按照消费者需求，就产品数量、规格、价格等达成协议，实现定制式生产。三是网络众筹生产方式。农户可以就某个主题通过网络平台发布产品信息实现网络众筹，根据众筹数量规模进行生产。四是预售式生产方式。在产品未生产之前，通过网络平台进行宣传，根据预定数量进行生产的方式。以上四种生产方式能够促进农户有效配置农业资源要素，使农户实现利润最大化，符合理性小农学派观点。

（4）产品销量增加

基于农村电子商务理论可以推出，农村电子商务发展可以促进农户产品销量增加。农户可以借助农村电子商务网络平台开展形式多样的营销方式，可以实施农产品订单化生产，差异化生产策略，实现生产规模扩大。农户可以通过网络广告将农产品快速推向市场，促进产品销量增加。也可以利用新零售促销手段，比如：抖音、短视频、网络直播等，尤其是以网络直播催生的"粉丝经济"带动产品销量。

（5）提升农产品质量品牌

基于农村电子商务理论可以推出，农村电子商务发展可以促进农产品质量品牌的提升。由于虚拟市场具有很强的透明度，农产品质量、品牌度直接影响网络消费者购买行为，农户可以根据网络消费者对农产品评价，及时采取提升农产品质量的措施。农产品质量是由其内在特性（如产品的结构、物理性能、化学成分、安全性、纯度等）及外在特性（如形状、外观、色泽、包装等）等要素所组成的，这些组合要素能够满足网络消费者需求，或者说网络消费者对农产品质量各组成要素的满意度越高，网络消费者越倾向于购买，反之亦然。因此，网络消费者的信息及时反馈，能够使生产者提高农产品质量。相应地，由于农产品质量的提升以及农产品在农村电商网络平台快速扩散效应，加之品牌从众的羊群效应逐步打响农产品的知名度、美誉度。

（6）生产效率明显提高

依据农村电子商务理论可以推出，农村电子商务发展可以促进生产效率提高。农村电子商务规模性销售特征必将推动农业产业由分散经营向适度规模化方向发展，使农业生产更加集约化、组织化，从而提高农业资源利用效率，规模农业经营户能够根据市场反馈信息，合理布局规模化种养业，进而使规模农业经营户生产效率得到提高。同样，农业经营单位也可以根据市场反馈信息，合理布局农业生产以及产品的加工、包装、设计、规格尺寸等，使产品更加贴近消费者需求，从而促进了农业经营单位生产效率的提高。

（7）获得产业技术服务与培训

农村电子商务发展可以使农户获得比以前更多产业技术服务与培训机会，增强了农户参与农村电子商务及提高产品品质可行性能力。一方面，政府部门利用电子商务强大的网络功能，出于地方产业发展需要，对农户开展形式多样的产业技术服务与培训，增强了农户产业发展可行性能力，进而扩大了地方产业规模，形成规模效应。另一方面，网商农户为农产品生产基地的农户提供生产技术服务与培训，提高了农户的品控可行性能力，以保证网上售卖产品品质。此外，作为追求利润最大化的理性行为主体，农户也会利用电子商务网络平台获取产业技术知识，以增强其网络销售可行性能力。

（8）产品销售成本降低

根据农村电子商务理论可以推出，农村电子商务发展可以促进农户产品销售成本降低。就网商农户而言，网商农户通过农村电子商务网络平台销售产品，在产品价格不变的情况下，网商农户和消费者直接交易，省去诸多中间环节，降低了销售成本。而供应商农户产品销售成本下降主要源于网商农户产品销售成本下降。

（9）农村合作经济组织规模扩大

农村电子商务网络平台在推动乡村产业发展的过程中，也催生了线下经济合作组织规模扩大和新组织形成。一方面，由于农户具有小规模生产特性，而网络平台的规模化销售能力，这使得越来越多的农户认识和感知到规模经济的实惠，促进了农村合作经济组织规模扩大。同时，农户通过参加合作经济组织，降低了农业生产风险，实现产品规模化销售。另一方面，农村电子商务发展也催生更多供应商农户，进而带动地方产业发展和各种新的组织形成。比如：当某种农产品成为"网红"，出现供不应求现象，就需要大量的农户生产该农产品，这就需要组织化生产，才能有效满足市场需求，相应的专业合作组织就会形成，进而该农产品生产加工企业也会诞生。

（10）乡村产业结构重塑

在农村电子商务发展过程中，利用互联网＋地方特色产业开发模式，实现"电子商务＋农业""电子商务＋乡村工业""电子商务＋乡村旅游"等乡村产业电商化发展。同时，围绕农村电子商务发展，物流、包装、第三方服务商等相应的配套服务业也得到发展。可见，农村电子商务发展使农户能够更好地开展商务活动，促进农村原料基地化、加工多元化、产品系列化、营销电商化的一二三产业发展新格局，重塑了乡村产业结构。

（11）农业产业结构调整

农村电子商务重构了农业全产业链，拓宽了农产品销售市场。农村电子商务使农户及时了解市场信息，进行农业资源优化配置，生产符合市场需求的农产品，也就是要求农业产业化经营的各个环节和过程按市场机制组织活动，促进农业产业结构调整。

4.2.4.2 社会价值

从社会价值看，主要涉及农村基础设施更加完善、生活方式改变、返乡与外来人员增多、家庭社会地位提升、消费能力提升、农民素质能力提高、沟通交流更加便捷、重塑乡村社会关系、城镇化、扶贫等。

（1）农村基础设施更加完善

农村电子商务发展也促进了农村基础设施不断完善。政府部门为了推动农村电子商务发展，提高乡村路面硬化率，打通"最后一公里"产品运输瓶颈。政府部门投入资金建设网络基础设施，提高乡村网络覆盖率，促进了农户运用电子商务网络平台开展线上交易的可行性能力。

（2）生活方式改变

农村电子商务发展正在改变农村居民的生活方式[212]。由于农村电子商务具有便利化特征，农户线上购物有渐渐取代线下购物成为主流购物方式的趋势。一方面，农户可直接通过农村电子商务网络平台购买日常生活用品、生产资料，可以实现通过网络代缴水电费、手机充值、金融贷款等。另一方面，农户可以在农村电子商务服务站点实现上述各种便民化服务。可见农村电子商务正在"冲击"人们的行为观念、形塑人们的生活状态。

（3）返乡与外来人员增多

农村电子商务让广大农村有机会以较低的成本成为创业就业区域，在示范效应不断发酵下，在外务工农民以及大学生纷纷返回家乡，开展与农村电子商务相关的商务活动，在本地实现就业和创业。农村地区也同样吸引先前在城市创业的网商农户回流，相较于城市创业成本高，越来越多的网商农户将农村地区作为创业就业的选择。

（4）家庭社会地位提升

农村电子商务发展也促进了农户家庭社会地位提升。农户利用电子商务网络平台开网店，实现其就地创业就业可行性能力，带来了家庭收入增加，相应的家庭社会地位也获得了提升。此外，由于乡村物流快递、开网店对从业者技能要求不高，可以吸纳很多文化程度不高的农村剩余劳动力，比如留守妇女、农村残疾人等，实现了包容性就业特性，提高了农村弱势群体的社会地位。

（5）消费能力提升

根据收入效应，一般情况下，收入水平与消费水平成正相关关系，尤其参与农村电子商务诸多环节的农户，无论通过农村电子商务网络平台创业的网商农户，还是给网商提供货源的供应商农户，相对而言较之前收入增加，相应地其消费可行性能力也得到提升。

（6）农户素质能力提高

农民参与农村电商发展的过程，既是农户学习电商知识技能的过程，也是农户运用电子商务可行性能力提升的过程。对于农民来说，本身文化程度不高，从事农村电商需要掌握基本网络操作、店铺运营、网络营销、商品摄影拍照、商品表述等知识技能。随着移动互联网迭代升级，诸如抖音、短视频、直播等新的营销模式应运而生，这就要求农民不断自我学习，以适应农村电子商务发展需求。

（7）沟通交流更加便捷

互联网改变了人们的交往方式，人们在虚拟社区交流增加，现实社区交流减少。农村电子商务发展促使农村网络设施不断完善，越来越多的农户利用社交电商平台，通过视频、语言、短信、图片等形式与远距离的人或陌生人进行沟通交流，拉近彼此之间的距离，增进了彼此之间的感情。

（8）重塑乡村社会秩序

随着农村电子商务的发展，使得散落在不同空间的外流务工人员纷纷回到以往支持他们生产生活的熟人社会，在开展与电商创业就业过程中，曾经的"出入相友、守望相助"场景再次在乡村呈现，社区成员的关联性、互助性和互动性得以强化。同时，外流务工人员回乡创业，既能照顾家中老人，又能关注小孩教育问题，促进家庭和睦。甚至农村电商网络平台，把来自乡村社区以外的创业者与本地村民凝聚在一起，通过共同努力，相互理解，互相扶持，创造信任，形成新的社会关系认同，促使乡村再一次实现"有机团结"，重塑乡村社会秩序。

（9）城镇化

以电子商务为动力的农村城镇化是信息时代的产物，是一个新的自下而上的城镇化进程。农村电子商务推动城乡要素流动、平等交换，以及公共资源的均衡配置，促进人才、技术和资金等向农村延伸，加速城乡资源自由、双向流动，使农村地区依托电子商务实现由工业化带动跃迁至信息化带动的新型城镇化建设，推动城乡一体化。因此，农村电子商务发展也促进了农村城镇化进程[213]。

（10）扶贫

在电商经济迅速发展的背景下，无论是以国家贫困线还是国际贫困线作为判断贫困与否的标准，互联网进村都具有显著的减贫效应[214]。政府就业能力培训、产业扶贫项目可以显著提升电子商务增加贫困户收入的作用[215]。在政府推动下，针对农村贫困农户"卖难"问题，运用电子商务实现了农户小生产与大市场的有效对接，增加了贫困户收入水平，实现了电子商务精准脱贫功能。同时，增强贫困农户"造血"能力，在"电子商务进农村综合示范"行动中，政府部门积极开展与电子商务服务企业合作，通过购买服务的方式，开展针对贫困户的电子商务培训，实现了贫困户利用电子商务就地创业就业，提升贫困群众发展生产和务工经商的可行性能力。

4.2.4.3 文化价值

发展农村电子商务的文化价值主要表现在乡风文明建设、乡村商业文化氛围形成、城乡文化融合等方面。

（1）乡风文明建设

农村电子商务发展促进了乡风文明建设。一是由于农村电子商务具有吸引在外务工人员回村创业作用，使得农村留守儿童、离异、留守老人等弱势群体人数减少，农村家庭比以前和谐。二是农村电子商务具有吸纳乡村剩余劳动力作用，村庄的闲散人员明显减少，诸如封建迷信活动、聚众赌博等不文明现象明显减少。三是农村电商的发展，也一并带来了值得高度关注的文化流，如新的思想观念、管理理念、合作精神等，文化流促进了乡村文明建设。

（2）乡村商业文化氛围

农村电子商务发展带来了经济发展的同时，也促进了乡村商业文化氛围的形成。一方面，农村电子商务发展促进了乡村线下实体店铺、招牌、广告增多。另一方面，农村电子商务发展促进了农户商业认知增多，农户之间商务活动增加。

（3）城乡文化融合

农村电子商务发展推动乡村文化在传承创新中复兴，促进了城乡文化融合。首先，返乡农民工从城市返回家乡创业，把城市文化带到乡村，促进城市文化元素与乡村文化元素有机结合。其次，农村电商网络平台是一个开放的网络空间，农民在网络平台可以获得多地区、多民族的文化，在日常生活实践中逐渐融入乡村。再次，外来创业者也会把自己的地区文化带入创业乡村。这样就形成了乡村多元文化并存现象。

4.2.4.4 生态价值

农村电子商务的生态价值主要表现在农户生态意识增强、促进了生态产品销售、生态产业发展等方面。

（1）环保意识增强

农户环保意识增强主要表现在两个方面：一方面，随着网购消费向绿色、健康方向发展，势必要求农户要保护环境，才能生产出绿色、有机、无污染的农产品，促进了农户生态保护意识提高。另一方面，在农村电子商务发展过程中，也会带来为产品线下配送而产生的各类包装废弃物问题，为此，一些电商村开展"绿色电商"宣传、教育、整治工作，从而提高了村民的环保意识。

（2）促进了生态产品销售

从农户作为生产者看，随着网购消费向绿色、健康方向发展，网络平台上销售生态产品规模逐渐扩大且呈现快速增长趋势，势必造成非生态产品消费数量下降，从而促进生产者组织生产生态产品，相应的化肥、农药、化学制剂等使用减量所体现的生态价值。从农户作为消费者看，根据道义小农学派观点可以推出，随着农户收入水平提高，一些农户把满足家庭健康消费需求放在首位，而把追求效用最大化放在次要位置，这部分农户可能会成为网络生态产品消费者，也会促进生态产品消费。

（3）推动了生态产业发展

电子商务推动乡村产业朝环保化、轻型化方向发展，改善了乡村生态环境，提高了乡村生态资本，进而由生态资本变成富民资本。首先，农村电子商务本身就是生态产业，其低成本创业特征，农民不用征地建设专门车间，实现低成本网络经营和相关要素的配套。其次，农村电商带动了休闲农业、养生农业、乡村民宿等乡村旅游业发展，促进了乡村产业向环保化、轻型化方向发展，带来了乡村生态环境的改善。再次，农村电子商务推动了农业废弃物的有效利用。最后，农村电商的发展实现了低污染配套产业发展。

4.3　本章小结

本章主要依据逻辑理念模型思路构建农村电子商务发展理论分析框架，从农户视角去探讨农村电子商务发展的价值形成过程，主要经历投入（Input）、过程（Process）、产出（Output）、价值（Value）4 个环节（简称 IPOV 框架），在不同环节上，呈现不同表征。在投入环节上，政府、社会组织在农村地区投入资源要素以及农村自身的资源禀赋的投入与利用。在过程环节上，农户参与学习、企业建立电子商务运营服务载体、政府构建平台载体并进行农村电子商务发展的主体培育。从产出环节看，在投入与过程两个环节不断驱动下，形成了农村电子商务发展必须具备的要素条件。从价值环节看，在投入、过程、产出持续作用下，形成了农村电子商务发展在经济、社会、文化、生态等方面对农户的价值贡献。

第5章 基于农户视角的农村电子商务发展价值贡献模型构建与检验

在第4章构建农村电子商务价值形成机理的理论分析框架的基础上，本章为第6章基于农户视角的浙江省农村电子商务发展的价值贡献实证分析和第7章案例研究提供理论支撑，就基于农户视角的农村电子商务发展价值贡献模型构建与检验进行了深入探讨和分析。因此，本章具体包括农村电子商务价值贡献模型构建、变量测量与数据收集、识别模型结构效度与信度。

5.1 农村电子商务价值贡献模型构建

5.1.1 价值贡献模型构建理论依据

要全面而又系统地解释农村电子商务发展的价值贡献，仅仅依靠单一理论是没有办法做到的，因此需要将多种已经形成且被接受的理论结合起来去综合理解农村电子商务价值贡献问题。已有的众多研究表明，"农村＋电子商务"的发展模式促进了农村经济和社会发展，并推动了村域文化整合[216]。汪凡、汪明峰以广东省军埔村为例，调查结果显示，电子商务重建中国农村的社会环境，网络经济运行带来的异化与地方文化传统实践的抵制相结合[217]。邱泽奇对菏泽市电子商务村的案例分析，发现农村电子商务发展重塑乡村经济、社会等秩序[218]。Liu Lili等认为电子商务助推农业绿色发展与生态环境保护[219]。张英男、龙花楼、屠爽爽等也证明了电子商务促进了农村产业向生态化融合发展[220]。同时，农户作为农村电子商务发展的重要参与主体，农户实施电子商务成功的关键在于形成农村电子商务能力实现农户资源调配利用，开拓农户对外活动新的价值增长空间，而不能把其当成一种单纯性的商务模式应用。

基于第2章国内外关于农村电子商务发展的价值贡献已有研究基础和第4章价值维度上构建的经济、社会、文化、生态4个子维度，结合上述讨论，本研究将农村电子商务价值贡献定义为农户在使用电子商务过程中促进了农村经济、社会、文化、生态等一系列效果。农户将电子商务植根于农村发展当中，在农村经济、社会、文化、生态等方面利用电子商务开展各种活动，促进农村、农业、农民全面发展。

5.1.2 价值贡献模型构建

通过对已有文献中有关农村电子商务的价值文献研究的分析，本研究提出的价值贡献模型从三个层面去认识农村电子商务价值，即整体层、维度层和测量项。维度层主要为4个方面的价值体现，分别是经济、社会、文化和生态。在这四个维度层因子之上还存在一个整体因子，即农村电子商务价值。农村电子商务价值贡献模型如表5-1所示。

表5-1　农村电子商务价值识别模型

整体层	测量维度	变量名称
		家庭收入 $JJV1$
		生产方式 $JJV2$
		产品销量 $JJV3$
		产品品牌 $JJV4$
	经济价值（JJV）	市场敏感 $JJV5$
		产业服务 $JJV6$
		组织规模 $JJV7$
		销售成本 $JJV8$
		基础设施 $SHV1$
		生活方式 $SHV2$
农村电子商务		社会地位 $SHV3$
（NCEC）	社会价值（SHV）	返乡人员 $SHV4$
		外来人员 $SHV5$
		消费能力 $SHV6$
		综合素质 $SHV7$
		交流方式 $SHV8$
		乡风文明 $WHV1$
		商业氛围 $WHV2$
	文化价值（WHV）	文化融合 $WHV3$
		环保意识 $STV1$
	生态价值（STV）	生态产品 $STV2$
		生态产业 $STV3$

该价值模型中总共包含 22 个测量项，其中经济价值构面包含 8 个变量，社会价值构面包含 8 个变量，文化价值和生态价值均包含 3 个变量，变量名称及其含义解释见表 5-2。

表 5-2　农村电子商务价值贡献模型变量及解释

测量维度	变量名称	变量描述
经济价值 （JJV）	JJV1	家庭收入增长
	JJV2	生产方式改变
	JJV3	产品销量情况（生产规模扩大、销量增加）
	JJV4	同以前比，产品的知名度得到提升
	JJV5	同以前比，根据市场信息反馈安排生产的效率提升
	JJV6	获得产业技术服务与培训比以前更多
	JJV7	同以前比，农村合作经济组织的规模更大
	JJV8	同以前比，产品的销售成本降低
社会价值 （SHV）	SHV1	村基础设施（道路、网络等）更加完善
	SHV2	生活方式改变情况（生活便利方面）
	SHV3	家庭社会地位提升情况
	SHV4	同以前比，村返乡人员（农民工、大学生等）
	SHV5	同以前比，村里外地人增多了
	SHV6	同以前比，您家庭的消费能力提升
	SHV7	同以前比，您的综合素质（文明程度、沟通能力、电商知识及技能等）明显提升
	SHV8	同以前比，沟通交流方式更加便捷
文化价值 （WHV）	WHV1	乡风文明（家庭和谐、文化多元性等）提升情况
	WHV2	商业文化氛围（产品展示和销售话题讨论增多、公平竞争和合作共赢意识提升等）改善情况
	WHV3	同以前比，城市文化与其他文化相互融入
生态价值 （STV）	STV1	环保意识提升情况（不乱扔垃圾、保护环境等）
	STV2	生态产品销售情况（化肥、农药、化学制剂等使用减少）
	STV3	促进产业向环保化、轻型化方向发展，降低"废水、废气、废物"排放

5.2　变量测量与数据收集

5.2.1　变量测量

由于农村电子商务是近年来刚刚兴起发展的事物，理论界针对农村电子商务及其价值贡献的研究还处于探索阶段，目前，关于农村电子商务价值贡献还未形成一个正式的统一的概念，也不存在相关的实证测量工具，对其构成理论进行实证研究就需要开发新的量表。本研究对量表的开发经历了多个阶段。第一阶段，查阅大量国内外农村电子商务文献，尽可能借用过去类似研究中比较成熟的测量题项以保证量表的效度，最后形成了 29 个测量题项；第二阶段，由 2 位农村电子商务教授、2 位电子商务教授、3 位 IT 教授和 6 位相关专业博士生进行小组讨论，针对已经形成的 29 个测量项进行修改和筛选，讨论结果决定将题项精简到 26 项。第三阶段，2019 年 7 月，对丽水市 50 户农村电商从业者进行了预测试，通过和农村电子商务相关部门负责人实地访谈交流，结合农户电子商务实际运作对问卷测量题项进一步完善，修正了不够明确的问题表述，在去除 4 个题项的基础上形成了内含 22 题项的问卷。

用于测量农村电子商务价值贡献，依据理论模型形成的四个变量进行问卷设计。测量题项采用李克特五级量表测量，1 表示"非常同意"，2 表示"比较同意"，3 表示"同意"，4 表示"不同意"，5 表示"很不同意"。

5.2.2 数据收集及样本特征描述

2019 年下半年的 7 至 10 月，选择了温州、金华、丽水等三市九县进行纸质问卷的发放与回收，问卷有效回收率达 91.44%。[①] 同时在调查时间上也相对集中，因此在时间上也不存在反应偏差。表 5-3 给出了所收集数据的一个描述性统计情况。

表 5-3 数据的描述性统计

测量维度	测量项	均值	标准误差	*Skewness*	*Kurtosis*
	JJV1	3.748	0.668 08	−0.104	−0.447
	JJV2	3.720	0.663 01	−0.233	−0.576
	JJV3	3.713	0.655 82	−0.149	−0.448
经济价值	JJV4	3.626	0.650 70	−0.300	−0.468
（JJV）	JJV5	3.563	0.748 14	−0.002	−0.336
	JJV6	3.230	0.903 68	−0.192	−0.755
	JJV7	3.251	0.920 7	−0.100	−0.891
	JJV8	3.365	0.879 89	0.104	−0.728

---

① 数据收集及样本特征描述详见第 3 章 3.3.1 问卷调查及数据来源。

（续）

测量维度	测量项	均值	标准误差	*Skewness*	*Kurtosis*
	SHV1	3.798	0.713 35	−0.121	−0.679
	SHV2	3.943	0.691 93	0.007	−0.700
	SHV3	3.615	0.656 99	−0.488	−0.572
社会价值	SHV4	3.371	0.910 01	−0.085	−0.811
（SHV）	SHV5	3.318	0.949 6	−0.050	−0.865
	SHV6	3.694	0.689 66	−0.123	−0.429
	SHV7	3.705	0.679 93	−0.290	−0.632
	SHV8	3.928	0.755 90	0.106	−0.729
文化价值	WHV1	3.573	0.636 55	−0.448	−0.458
（WHV）	WHV2	3.533	0.688 75	−0.288	−0.282
	WHV3	3.515	0.717 54	−0.585	−0.311
生态价值	STV1	3.742	0.647 14	−0.228	−0.598
（STV）	STV2	3.718	0.647 11	−0.189	−0.505
	STV3	3.824	0.679 68	0.078	0.049

本研究通过对四个维度内含的题目进行统计可知，*JJV* 包含 8 个题项的 *Skewness* 绝对值介于 0.002～0.300，*Kurtosis* 绝对值介于 0.336～0.891，*SHV* 包含 8 个题项的 *Skewness* 绝对值介于 0.007～0.488，*Kurtosis* 绝对值介于 0.429～0.811。*WHV* 包含的 3 个题项 *Skewness* 绝对值介于 0.288～0.585，*Kurtosis* 绝对值介于 0.282～0.458。*STV* 所包含的三个题项的 *Skewness* 绝对值介于 0.078～0.228，*Kurtosis* 绝对值介于 0.049～0.598。每个维度所包含的题目 *Skewness* 和 *Kurtosis* 绝对值均小于 3，说明数据符合统计学上满足正态分布的要求。

5.3　识别模型结构效度与信度

本研究查阅了大量的农村电子商务和电子商务等相关文献，保证了观测题项能够很好地反映农村电子商务价值的 4 个维度层因子。由 2 位农村电子商务教授、2 位电子商务教授、3 位 IT 教授和 6 位相关专业博士生进行小组讨论对测量变量进行确定，通过预测试并且与被调查农户访谈交流，以逻辑分析的方法保证了问卷的内容效度。使用 SPSS 24.0 对数据进行探索性因子和信度分析。

5.3.1 探索性因素分析

探索性因子分析是以题项与所属维度的对应关系来建立的量表的结构效度。通过调查数据的 KMO 值和 Bartlett 球形检验来判断是否适合进行因子分析，KMO 值介于 $0\sim1$ 之间，如果量表数据的 KMO 值在 0.70 以上，$P<0.05$，则量表可以进行因子分析。

探索性因子分析采用主成分分析法，以特征值>1提取因子，运用最大方差法进行正交旋转，公因子的累计方差贡献率最好在 60% 以上，每个因子一般至少包括三个题项，删除因子载荷小于 0.50 和共同度小于 0.40 的题项，此外如果题项有两个公因子因子载荷均大于 0.45 也应删除。依据上述标准通过 EFA 对农村电子商务价值识别模型进行分析，结果见表 5-4、表 5-5、表 5-6。

表 5-4　KMO 和巴特利特检验

KMO 取样适切性量数		0.947
巴特利特球形度检验	近似卡方	13 831.806
	自由度	190
	显著性	0.000

由表 5-4 可知：问卷题项数据的 KMO 值为 0.947，近似卡方值为 13 831.806，$P<0.001$，符合统计学上进行因子分析的标准和要求。

表 5-5　项总计统计

测量项	平均值	方差	相关性	Alpha
JJV1	50.254 7	97.309	0.703	0.924
JJV2	50.226 8	98.703	0.598	0.926
JJV3	50.219 6	98.532	0.619	0.926
JJV4	50.133 2	98.916	0.593	0.926
JJV5	50.070 2	97.370	0.616	0.926

（续）

测量项	平均值	方差	相关性	Alpha
$JJV6$	49.736 3	94.692	0.655	0.925
$JJV7$	49.757 9	98.870	0.399	0.931
$JJV8$	49.871 3	94.779	0.669	0.925
$SHV1$	50.305 1	97.708	0.624	0.926
$SHV2$	50.450 0	98.013	0.622	0.926
$SHV3$	50.121 5	98.401	0.628	0.926
$SHV4$	49.877 6	93.410	0.727	0.923
$SHV5$	49.824 5	100.720	0.283	0.933
$SHV6$	50.200 7	97.966	0.628	0.926
$SHV7$	50.211 5	98.219	0.619	0.926
$SHV8$	50.434 7	96.464	0.672	0.925
$WHV1$	50.080 1	99.357	0.572	0.927
$WHV2$	50.039 6	98.233	0.609	0.926
$WHV3$	50.021 6	98.727	0.545	0.927
$STV1$	50.248 4	99.208	0.573	0.926
$STV2$	50.225 0	99.203	0.574	0.926
$STV3$	50.331 2	97.681	0.661	0.925

最后，经过 3 次正交旋转得到了稳定清晰的维度结构，删除了共同度均小于 0.50 和因子载荷均小于 0.6 的题目共计 2 题，分别是 $JJV7$（0.399）、$SHV5$（0.283），见表 5-5，结果如表 5-6 所示。由表 5-6 可知：特征值大于 1 的公共因子共有 4 个，分别为 4.782、4.634、2.269、2.210，SHV、JJV、WHV、STV 4 个因子累计方差贡献率为 69.475%，符合统计学标准。说明本研究提取的 4 个公因素可以有效解释问卷的 20 个题目，实现降维的目的。旋转后的每个因素所包括的题项中对应的因素载荷均大于 0.60，表明这些题项能够很好地落到所对应的维度上。此外，每一个题目的公因素提取率都大于 0.50，说明提取的因素对每一个题目的解释度都能达到 50% 以上，因此提取的因素是合适的。

表 5 - 6 探索性因子分析结果

测量项	成分				共同度	特征值	方差解释率（%）	解释贡献率（%）
	1	2	3	4				
SHV4	0.840				0.815			
SHV8	0.824				0.760			
SHV1	0.773				0.661	4.782	23.912	23.912
SHV7	0.766				0.654			
SHV6	0.759				0.648			
SHV3	0.730				0.618			
SHV2	0.674				0.568			
JJV8		0.823			0.751			
JJV2		0.776			0.651			
JJV4		0.775			0.646			
JJV5		0.755			0.643	4.634	23.169	47.080
JJV1		0.746			0.690			
JJV6		0.733			0.640			
JJV3		0.712			0.595			
WHV3			0.795		0.740			
WHV2			0.774		0.754	2.269	11.345	58.426
WHV1			0.773		0.736			
STV2				0.782	0.754			
STV1				0.777	0.742	2.210	11.049	69.475
STV3				0.769	0.817			

从碎石图也可以看出，碎石图趋于平缓是从第 5 个因子开始的，因此保留 4 个因子较为适宜，这也佐证了因子旋转提取的因子数是合理的，见图 5 - 1。

5.3.2 信度检验

信度用于反映问卷测量结果的一致性、稳定性。即衡量不同的被试项在不同的时间、情境对问卷题项回答的结果的一致性程度，一般认为克隆巴赫 Alpha 系数在 0.7 以上较为适宜。通过信度分析结果可知：总问卷 20 个题项

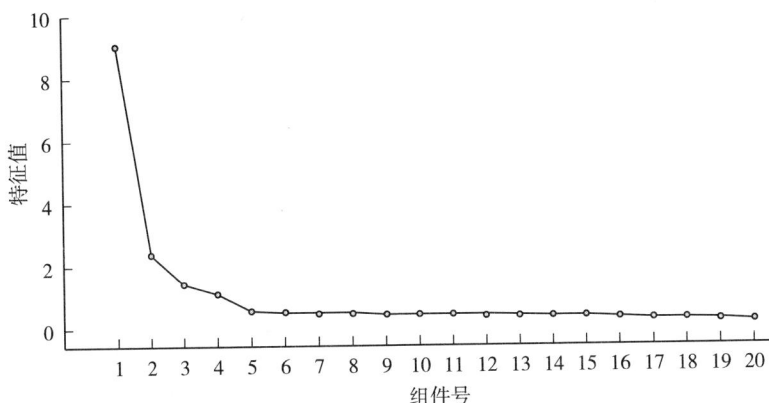

图 5-1　碎石图

的克隆巴赫 Alpha 系数为 0.935，包含的 JJV、SHV、WHV、STV 这 4 个方面的信度系数介于 $0.830 \sim 0.918$ 之间，说明总的问卷和 JJV、SHV、WHV、STV 这 4 个维度的信度均符合统计学要求，见表 5-7。

表 5-7　信度分析

维度	克隆巴赫 Alpha	项数
JJV	0.909	7
SHV	0.918	7
WHV	0.830	3
STV	0.844	3
$NXEV$	0.935	20

5.3.3　验证性分析

考察结构效度的常用方法是因子分析法，结构效度是为了说明从问卷数据分析所获得的结果与设计此量表时所假定的理论之间的符合程度。根据探索性因子分析的结果，本研究初步确定了问卷的结构，验证性因子分析是通过数据拟合指标对已建立的问卷结构进行评价。并通过验证性因子分析得出的模型中的因子载荷值计算收敛、区分效度。

5.3.3.1　维度层验证性因素分析

通过正式测试的数据进行验证性因子分析，结果如图 5-2 所示。

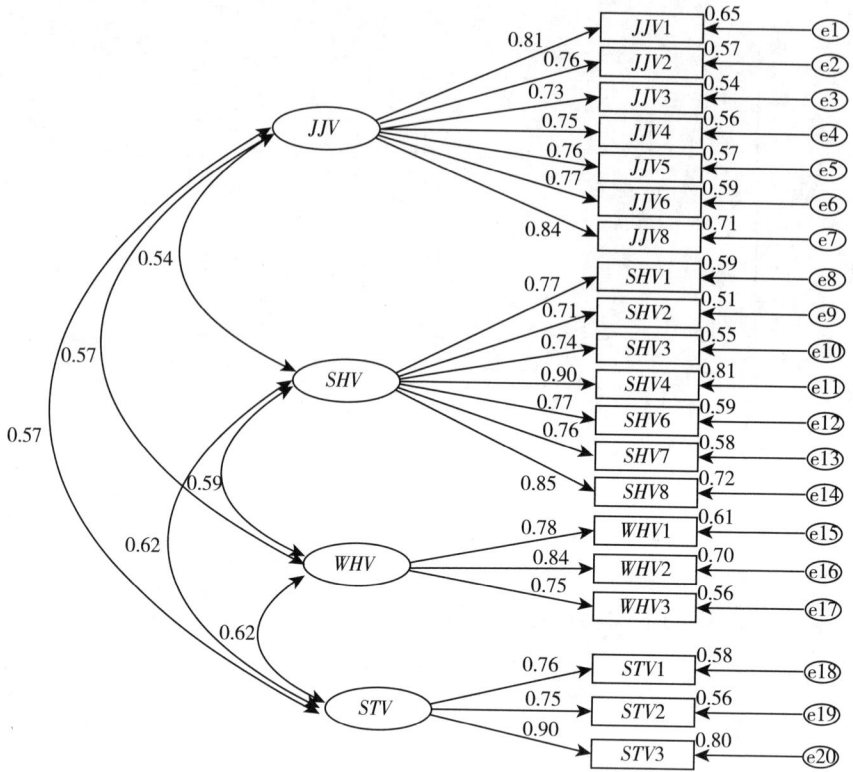

图 5-2　验证性因素分析结构图

维度层验证性因素分析拟合指标如表 5-8 所示。

表 5-8　维度层验证性因素分析拟合指标

指标类别	统计检验量	适配标准或者临界值	检验结果数据	模型适配判断
	χ^2		451.975	
	df		164	
	P	$\geqslant 0.05$	0.000	否
绝对适配指数	$SRMR$	$\leqslant 0.05$	0.014	是
	$RMSEA$	$\leqslant 0.08$	0.040	是
	GFI	$\geqslant 0.90$	0.961	是
	$AGFI$	$\geqslant 0.90$	0.950	是
	NFI	$\geqslant 0.90$	0.968	是
	RFI	$\geqslant 0.90$	0.962	是
增值适配指数	IFI	$\geqslant 0.90$	0.979	是
	TLI	$\geqslant 0.90$	0.976	是
	CFI	$\geqslant 0.90$	0.979	是

（续）

指标类别	统计检验量	适配标准或者临界值	检验结果数据	模型适配判断
	$PGFI$	$\geqslant 0.50$	0.750	是
简约适配指数	$PNFI$	$\geqslant 0.50$	0.835	是
	$PCFI$	$\geqslant 0.50$	0.845	是
	χ^2/df	$\leqslant 2.00$	2.756	是

通过验证性因子分析得到了模型的拟合指标值，由表 5-8 可知，从拟合指标值的整体情况来讲，除了 P 值外，其他拟合指标值均达到了统计学中关于模型拟合的评价标准，这说明农村电子商务价值模型的结构得到验证，问卷结构准确有效。

5.3.3.2 整体层验证性因素分析

经计算，农村电子商务价值整体层电子模型如图 5-3 所示，整体层因子模型拟合指标如表 5-9 所示，拟合指标显示出模型与样本数据有较好的匹配度。

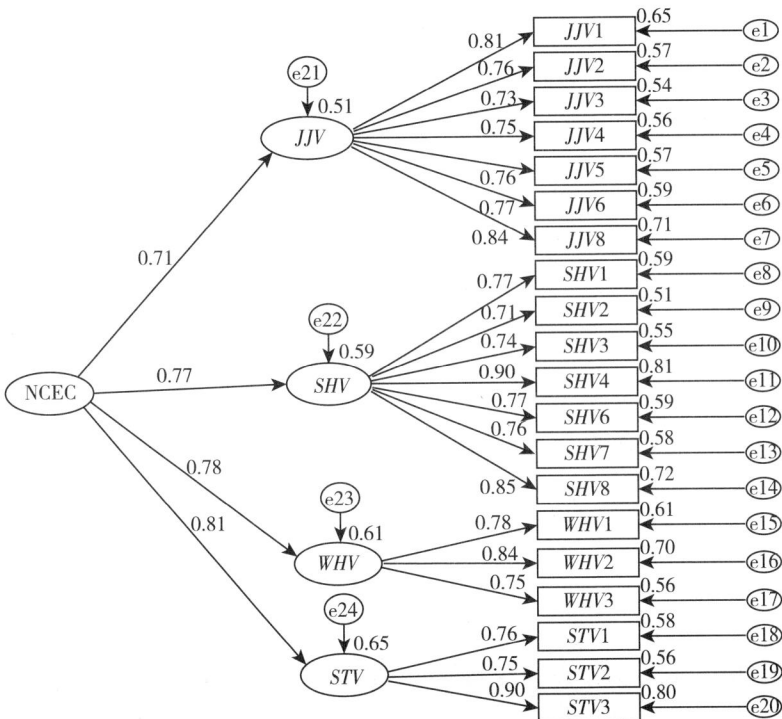

图 5-3 农村电子商务价值整体层因子模型

表 5-9　整体验证性因素分析模型拟合指标

指标	χ^2	df	χ^2/df	SRMR	GFI	AGFI
接受标准			1~3	<0.05	>0.9	>0.9
整体层因子模型	452.522	166	2.726	0.029	0.961	0.950
是否满足			是	是	是	是
指标	NFI	IFI	TLI	CFI	RMSEA	
接受标准	>0.9	>0.9	>0.9	>0.9	<0.08	
整体层因子模型	0.968	0.979	0.976	0.979	0.039	
是否满足	是	是	是	是	是	

通过验证性因素分析，得到了整体层测量模型的拟合指标，从统计结果可以看出：拟合指标全都达到理想值模型的结构得到验证，问卷结构准确有效。

5.3.4　效度检验

通过验证性因子分析各题项在相应维度的因子载荷，可以进一步计算收敛效度和区分效度，结果如表 5-10 所示。

表 5-10　区分效度

	STV	WHV	SHV	JJV
STV	0.774			
WHV	0.625	0.789		
SHV	0.622	0.595	0.790	
JJV	0.573	0.566	0.543	0.806

表 5-10 中每列第一个数值分别为 STV、WHV、SHV、JJV 四个维度 AVE 的平方根，分别为 0.774、0.789、0.790、0.806，STV 与 WHV、SHV、JJV 的相关系数的绝对值分别为 0.625、0.622、0.573，WHV 与 SHV、JJV 的相关系数的绝对值分别为 0.595、0.566，SHV 与 JJV 的相关系数的绝对值为 0.543，可以看出，STV、WHV、SHV、JJV 四个维度 AVE 值的平方根都大于该维度同其他维度的相关系数，说明这四个维度的区分效度达到了统计学标准。

由表 5-11 可知：STV、WHV、SHV、JJV 四个维度 CR 值分别为

0.913、0.920、0.832、0.846，均大于 0.70，STV、WHV、SHV、JJV 四个维度的 AVE 值分别为 0.599、0.622、0.624、0.649，均大于 0.50，这说明四个维度的组合信度与收敛效度达到了统计学标准。就 $NCEC$ 整体而言，STV、WHV、SHV、JJV 在 $NCEC$ 的标准化因子载荷分别为 0.806、0.780、0.766、0.715，据此可求得 $NCEC$ 的 CR 值为 0.851，AVE 值为 0.589，说明 $NCEC$ 的组合信度和收敛效度也符合统计学规定。

表 5 - 11　维度层验证性因素分析模型参数表

			Estimate	S. E.	C. R.	P	因素载荷	CR	AVE
JJV	←	NCEC	1.000				0.715		
SHV	←	NCEC	1.087	0.066	16.559	***	0.766	0.851	0.589
WHV	←	NCEC	1.003	0.061	16.438	***	0.780		
STV	←	NCEC	1.028	0.062	16.601	***	0.806		
JJV1	←	JJV	1.000				0.808		
JJV2	←	JJV	0.929	0.034	27.607	***	0.757		
JJV3	←	JJV	0.891	0.033	26.885	***	0.733		
JJV4	←	JJV	0.906	0.033	27.422	***	0.751	0.913	0.599
JJV5	←	JJV	1.048	0.038	27.850	***	0.756		
JJV6	←	JJV	1.283	0.045	28.417	***	0.767		
JJV8	←	JJV	1.373	0.043	31.928	***	0.842		
SHV1	←	SHV	1.000				0.768		
SHV2	←	SHV	0.900	0.036	24.731	***	0.712		
SHV3	←	SHV	0.891	0.034	25.989	***	0.743		
SHV4	←	SHV	1.496	0.045	32.897	***	0.901	0.920	0.622
SHV6	←	SHV	0.966	0.036	27.009	***	0.768		
SHV7	←	SHV	0.948	0.035	27.037	***	0.764		
SHV8	←	SHV	1.169	0.038	30.426	***	0.847		
WHV1	←	WHV	1.000				0.780		
WHV2	←	WHV	1.160	0.044	26.471	***	0.836	0.832	0.624
WHV3	←	WHV	1.086	0.045	24.388	***	0.751		
STV1	←	STV	1.000				0.760		
STV2	←	STV	0.988	0.040	24.813	***	0.751	0.846	0.649
STV3	←	STV	1.239	0.044	28.304	***	0.897		

5.3.5 主成分分析

根据前面测算的因子载荷及各主成分贡献率，得到整体维度主成分及其指标的权重，见表 5-12。由表 5-12 可知，JJV、SHV、WHV、STV 四个主成分权重分别为 0.344、0.333、0.163、0.159，说明农村电子商务发展对农户经济、社会、文化、生态等方面有价值贡献，在这四个价值贡献中，农村电子商务发展对经济价值贡献最大，其次是社会价值和文化价值，农村电子商务发展对生态价值贡献最小。同样，各维度层指标权重见表 5-12。

表 5-12　整体维度主成分及其指标的权重

	权重系数
JJV	0.344
SHV	0.333
WHV	0.163
STV	0.159
$JJV1$	0.057
$JJV2$	0.059
$JJV3$	0.054
$JJV4$	0.059
$JJV5$	0.058
$JJV6$	0.056
$JJV8$	0.063
$SHV1$	0.061
$SHV2$	0.053
$SHV3$	0.057
$SHV4$	0.066
$SHV6$	0.060
$SHV7$	0.060
$SHV8$	0.065
$WHV1$	0.029
$WHV2$	0.029
$WHV3$	0.030
$STV1$	0.028
$STV2$	0.028
$STV3$	0.028

5.4　结果与讨论

（1）农村电子商务价值贡献模型是一个多维结构。探索性因子分析和验证性因子分析结果表明：农村电子商务价值贡献模型由经济、社会、文化、生态四个价值维度组成，其中"经济价值"维度包含家庭收入、生产方式、产品销量、产品品牌、市场敏感、产业服务、销售成本七个指标；"社会价值"维度包含基础设施、生活方式、社会地位、返乡人员、消费能力、综合素质、交流方式七个指标；"文化价值"维度包含乡风文明、商业氛围、文化融合三个指标，"生态价值"维度包含环保意识、生态产品、生态产业三个指标，是一个多维的结构模型。

（2）探索性因子分析表明，总问卷 20 个题项的克隆巴赫 $Alpha$ 系数为 0.935，包含的 JJV、SHV、WHV、STV 这 4 个方面的信度系数介于 0.830～0.918 之间，说明总的问卷和 JJV、SHV、WHV、STV 这 4 个维度的信度均符合统计学要求。维度层验证性因素分析结果显示，JJV 维度与 SHV、WHV、STV 之间系数分别为 0.54、0.57、0.57，均小于 0.6；SHV 与 WHV 之间系数为 0.59，小于 0.6；SHV 与 STV 之间和 WHV 与 STV 之间系数均为 0.62，近似于 0.6。因此，JJV、SHV、WHV、STV 之间既相互联系又不相互包含，四个维度区分信度较好。

（3）主成分分析表明：农村电子商务发展对农户经济、社会、文化、生态等方面有价值贡献，在这四个价值贡献中，农村电子商务发展对经济价值贡献最大，其次是社会价值和文化价值，农村电子商务发展对生态价值贡献最小。

5.5　本章小结

本章结合已有的研究成果，明确界定了农村电子商务价值贡献的概念，并以整体、维度、题项三个层面构建了农村电子商务价值贡献模型，并通过实证化分析验证了此理论模型。结果表明该模型与数据之间具有较好的契合性，各项指标值说明了该价值贡献模型具有较高的信度和效度，说明该模型在识别农村电子商务价值贡献方面具有较高的合理性，顺利开发出了作为正式理论的经济、社会、文化、生态四个价值的农村电子商务价值体系。根据前面测算的因子载荷及各主成分贡献率，得到整体维度主成分及其指标的权重，在这四个价值贡献中，农村电子商务发展对经济价值贡献最大，其次是社会价值和文化价值，农村电子商务发展对生态价值贡献最小。因此，从本研究中获得的这些结果和权重将用于确定农村电子商务发展的价值贡献的优先，并在农村发展电子商务时予以考虑。

第6章 基于农户视角的浙江省农村电子商务发展的价值贡献实证分析

在对第5章基于农户视角的浙江省农村电子商务发展价值贡献模型构建与检验基础上，本章根据第5章的结构方程模型路径分析测量模型路径系数并结合调研数据就基于农户视角的浙江省农村电子商务发展的价值贡献进行实证分析，具体包括对经济价值、社会价值、文化价值、生态价值深入探讨与分析。此外，根据第5章图5-3农村电子商务价值整体层因子模型，本章在结构安排上，也按照从整体价值到测量题项的价值进行安排，从而增加结构的逻辑性和论证的科学性。

6.1 模型路径系数测量

根据结构方程模型路径分析测量模型路径系数。可测变量的路径系数的计算方法是变量间路径系数和可测变量路径系数相乘[221]。例如家庭收入 $JJV1$ 对农村电子商务 $NCEC$ 的标准化系数为经济价值与农村电子商务的标准化路径系数和 $JJV1$ 与经济价值的路径系数乘积，$0.715 \times 0.808 = 0.578$。可测变量的路径系数具体值见表6-1。

表6-1 模型路径系数

	NCEC	JJV	SHV	WHV	STV
JJV	0.715				
SHV	0.766				
WHV	0.780				
STV	0.806				
JJV1	0.578	0.808			
JJV2	0.541	0.757			
JJV3	0.524	0.733			
JJV4	0.537	0.751			

（续）

	NCEC	JJV	SHV	WHV	STV
JJV5	0.541	0.756			
JJV6	0.548	0.767			
JJV8	0.602	0.842			
SHV1	0.588		0.768		
SHV2	0.545		0.712		
SHV3	0.569		0.743		
SHV4	0.690		0.901		
SHV6	0.588		0.768		
SHV7	0.585		0.764		
SHV8	0.649		0.847		
WHV1	0.608			0.780	
WHV2	0.652			0.836	
WHV3	0.586			0.751	
STV1	0.593				0.760
STV2	0.586				0.751
STV3	0.700				0.897

6.2 总体价值

浙江省实施农村电子商务战略以来，在产业结构、家庭经济变化和就业模式等诸多方面取得显著成效，深刻影响农村社会经济，促进了乡村可持续发展。根据测量模型路径系数，NCEC 整体层与 JJV、SHV、WHV、STV 四个维度层之间的路径系数分别为 0.715、0.766、0.780、0.806，说明农村电子商务发展对农村经济、社会、文化、生态等方面有较高的价值贡献，见表 6-1。

表 6-2 全省及分地区农户对农村电子商务发展的价值满意度情况

变量名称	浙江省	温州	金华	丽水
有效样本（个）	1 111	526	504	81
非常满意（%）	12.78	5.63	12.40	20.61
比较满意（%）	60.76	54.42	65.17	62.67
一般（%）	25.83	38.87	21.90	16.43
不满意（%）	0.63	1.07	0.53	0.28
非常不满意（%）	—	—	—	—

数据来源：调查问卷。

同样，根据调研数据，从地区看，被调查农户对农村发展电子商务带来乡村经济、社会、文化、生态等方面价值贡献感到满意。60.05％的温州地区农户对发展农村电子商务产生的总体价值感到非常满意或比较满意，其中，5.63％的农户感到非常满意，54.42％的农户感到比较满意；77.57％的金华地区农户对发展农村电子商务产生的总体价值感到非常满意或比较满意，其中，12.40％的农户感到非常满意，65.17％的农户感到比较满意；83.28％的丽水地区农户对发展农村电子商务产生的总体价值感到非常满意或比较满意，其中，20.61％的农户感到非常满意，62.67％的农户感到比较满意，见表 6 - 2。以上数据统计显示，从地区看，农村电子商务发展带来温州地区、金华地区、丽水地区的乡村经济、社会、文化、生态等价值贡献，其中，丽水地区农户对发展农村电子商务产生的总体价值认可度相对较高。此外，从参与主体农户看，也得出上述同样结论。

6.3　经济价值贡献

根据测量模型路径系数，$JJV1$、$JJV2$、$JJV3$、$JJV4$、$JJV5$、$JJV6$、$JJV8$ 等 7 个题项与 JJV 路径系数分别为 0.808、0.757、0.733、0.751、0.756、0.767、0.842，说明农村电子商务发展对农户的产品销售成本、家庭收入、产业技术服务与培训、生产方式、市场敏感、产品品牌、产品销量等方面具有较高价值贡献。基于调研数据分析，农村电子商务发展最主要的贡献是经济价值，主要涉及促进农户家庭增收、促进了生产方式改变、促进农户产品销量增加、提升产品质量品牌、生产效率明显提升、促进了农户产业技术服务与培训、促进了产品销售成本降低等。

6.3.1　促进农户家庭增收

6.3.1.1　基于测量模型路径系数分析

根据测量模型路径系数，家庭收入 $JJV1$ 与农村电子商务 $NCEC$ 的标准化路径系数为经济价值与农村电子商务的标准化路径系数和 $JJV1$ 与经济价值的路径系数乘积。经济价值与农村电子商务路径系数为 0.715，家庭收入与经济价值路径系数为 0.808，农户家庭收入与农村电子商务路径系数为 0.578，这说明在其他条件不变时，农村电子商务每提升 1 个单位，农户家庭收入将提升 0.578 个单位。

6.3.1.2 基于调研数据分析

从调研数据分析看，农户通过参与农村电子商务实现了家庭收入增加，也存在内部差异性。无论从总体参与农户家庭收入看，还是从不同参与主体农户家庭收入看，以及从不同地区参与农户家庭收入看，农户家庭收入较之以前比，都出现了增加。从农户家庭收入内部差异性分析看，不仅不同参与主体农户从事网络销售家庭收入内部存在差异性，而且不同地区农户从事网络销售家庭收入也存在差异性。

（1）总体农户家庭收入

从总体调查农户看，通过农户从事网络销售前后的家庭收入比较分析发现，发展农村电子商务带来了农户家庭收入增加以及较高幅度增长。平均总体农户从事网络销售之前的家庭收入为 16.78 万元，平均总体农户从事网络销售第一年的家庭收入为 21.82 万元，同之前比，平均增加了 5.04 万元，增长了30.04%；平均 2018 年的家庭收入为 37.99 万元，同之前比，平均增加了21.21 万元，增长了 126.40%，同第一年比，平均增加了 16.17 万元，增长了74.11%；平均 2018 年网络收入为 30.08 万元，平均占家庭总收入的79.18%，见表 6-3。数据分析可见，从总体农户家庭收入上看，发展农村电子商务带来了总体农户家庭收入增加，这一结论与曾亿武、郭红东[172]学者的实证结果类似，即电子商务的引入增加了经营网店农户的才能收入。从总体农户从事网络销售时间看，总体农户从事网络销售初期对家庭收入贡献率相对较低，随着经营时间拉长，对总体农户家庭收入贡献率越高。也就是说，在其他条件不变的情况下，总体农户从事网络销售时间越长，对总体农户家庭收入贡献越大。可见，从事网络销售的时间是影响总体农户家庭收入的重要因素。此外，网络销售收入对总体农户家庭收入贡献率较高。

表 6-3　总体农户家庭收入情况

单位：万元

主体	变量名称	均值	有效样本（个）
总体	从事网络销售之前家庭收入	16.78	1 082
	第一年家庭收入	21.82	
	2018 年家庭收入	37.99	
	2018 年网络收入	30.08	

数据来源：调查问卷。

（2）不同参与主体农户家庭收入

通过数据分析发现，不同参与主体农户从事网络销售之后的家庭收入均高于从事网络销售之前的家庭收入。从网商农户家庭收入看，平均网商农户从事网络销售之前的家庭收入为16.73万元，平均从事网络销售第一年的家庭收入为23.49万元，同之前比，平均增加了6.76万元，增长了40.41%；平均2018年的家庭收入为44.23万元，同之前比，平均增加了27.50万元，增长了164.38%，同第一年比，平均增加了20.74万元，增长了88.29%；平均2018年网络收入为35.98万元，平均占家庭总收入的81.35%。数据分析显示，从网商农户家庭收入上看，发展农村电子商务带来了网商农户家庭收入增加。从网商农户从事网络销售时间看，网商农户从事网络销售初期对家庭收入贡献率相对较低，随着经营时间拉长，对网商农户家庭收入贡献率越高。也就是说，在其他条件不变的情况下，网商农户从事网络销售时间越长，对网商农户家庭收入贡献越大。可见，从事网络销售的时间是影响网商农户家庭收入的重要因素。此外，网络销售收入对网商农户家庭收入贡献率较高，见表6-4。

表6-4 网商农户家庭收入情况

单位：万元

主体	变量名称	均值	有效样本（个）
网商	从事网络销售之前家庭收入	16.73	506
	第一年家庭收入	23.49	
	2018年家庭收入	44.23	
	2018年网络收入	35.98	

数据来源：调查问卷。

从供应商农户家庭收入看，平均供应商农户从事网络销售之前的家庭收入为15.00万元，平均从事网络销售第一年的家庭收入为17.98万元，同之前比，平均增加了2.98万元，增长了19.87%；平均2018年的家庭收入为26.47万元，同之前比，平均增加了11.47万元，增长了76.47%，同第一年比，平均增加了8.49万元，增长了47.22%；平均2018年网络收入为18.41万元，平均占家庭总收入的69.55%，见表6-5。

表 6 - 5　供应商农户家庭收入情况

单位：万元

主体	变量名称	均值	有效样本（个）
供应商	从事网络销售之前家庭收入	15.00	497
	第一年家庭收入	17.98	
	2018 年家庭收入	26.47	
	2018 年网络收入	18.41	

数据来源：调查问卷。

数据分析显示，从供应商农户家庭收入上看，发展农村电子商务带来了供应商农户家庭收入增加。从供应商农户从事网络销售时间看，供应商农户从事网络销售初期对家庭收入贡献率相对较低，随着经营时间拉长，对供应商农户家庭收入贡献率越高。也就是说，在其他条件不变的情况下，供应商农户从事网络销售时间越长，对供应商农户家庭收入贡献越大。可见，从事网络销售的时间是影响供应商农户家庭收入的重要因素。此外，网络销售收入对供应商农户家庭收入的贡献率较高。

从网供商农户从事网络销售家庭收入看，平均网供商农户从事网络销售之前的家庭收入为 28.36 万元，平均从事网络销售第一年的家庭收入为 35.39 万元，同之前比，平均增加了 7.03 万元，增长了 24.79%；平均 2018 年的家庭收入为 70.46 万元，同之前比，平均增加了 42.10 万元，增长了 148.45%，同第一年比，平均增加了 35.07 万元，增长了 99.10%；平均 2018 年网络收入为 65.33 万元，平均占家庭总收入的 92.72%。数据分析显示，从网供商农户家庭收入看，发展农村电子商务带来了网供商农户家庭收入增加。从网供商农户从事网络销售时间看，网供商农户从事网络销售初期对家庭收入贡献率相对较低，随着经营时间拉长，对网供商农户家庭收入贡献率越高。也就是说，在其他条件不变的情况下，网供商农户从事网络销售时间越长，对网供商农户家庭收入贡献越大。可见，从事网络销售的时间是影响网供商农户家庭收入的重要因素。此外，网络销售收入对网供商农户家庭收入的贡献率较高，见表 6 - 6。

（3）不同地区农户家庭收入

数据分析发现，不同地区农户从事网络销售之后的家庭收入均高于从事网络销售之前的家庭收入。温州地区农户平均从事网络销售之前的家庭收入为 21.34 万元，平均从事网络销售第一年的家庭收入为 24.86 万元，同之前比，

表 6-6　网供商农户家庭收入情况

单位：万元

主体	变量名称	均值	有效样本（个）
网供商	从事网络销售之前家庭收入	28.36	79
	第一年家庭收入	35.39	
	2018 年家庭收入	70.46	
	2018 年网络收入	65.33	

数据来源：调查问卷。

平均农户家庭收入增加了 3.52 万元，增长了 16.49%；平均 2018 年的农户家庭收入为 43.15 万元，同之前比，平均农户家庭收入增加了 21.81 万元，增长了 102.20%，同第一年比，平均农户家庭收入增加了 18.29 万元，增长了 73.57%；平均 2018 年网络收入为 31.91 万元，平均占农户家庭总收入的 73.95%，见表 6-7。数据分析显示，从温州地区农户家庭收入上看，发展农村电子商务带来了该地区农户家庭收入增加。从温州地区农户从事网络销售时间看，温州地区农户从事网络销售初期对家庭收入贡献率相对较低，随着经营时间拉长，对温州地区农户家庭收入贡献率越高。也就是说，在其他条件不变的情况下，温州地区农户从事网络销售时间越长，对温州地区农户家庭收入贡献越大。可见，从事网络销售的时间是影响温州地区农户家庭收入的重要因素。此外，网络销售收入对温州地区农户家庭收入的贡献率较高。

表 6-7　温州地区农户家庭收入情况

单位：万元

主体	变量名称	均值	有效样本（个）
总体	从事网络销售之前家庭收入	21.34	371
	第一年家庭收入	24.86	
	2018 年家庭收入	43.15	
	2018 年网络收入	31.91	

数据来源：调查问卷。

金华地区农户平均从事网络销售之前的家庭收入为 21.89 万元，平均从事网络销售第一年的家庭收入为 30.77 万元，同之前比，平均增加了 8.88 万元，增长了 40.57%；平均 2018 年的农户家庭收入为 51.25 万元，同之前比，平均农户家庭收入增加了 29.36 万元，增长了 134.13％，同第一年比，平均农户家庭收入增加了 20.48 万元，增长了 66.56％；平均 2018 年网络收入 42.20 万元，平均占家庭总收入的 82.34％，见表 6-8。

表 6-8　金华地区农户家庭收入情况

单位：万元

主体	变量名称	均值	有效样本（个）
总体	从事网络销售之前家庭收入	21.89	361
	第一年家庭收入	30.77	
	2018 年家庭收入	51.25	
	2018 年网络收入	42.20	

数据来源：调查问卷。

数据分析显示，从金华地区农户家庭收入上看，发展农村电子商务带来了该地区农户家庭收入增加。从金华地区农户从事网络销售时间看，金华地区农户从事网络销售初期对家庭收入贡献率相对较低，随着经营时间拉长，金华地区农户家庭收入贡献率越高。也就是说，在其他条件不变的情况下，金华地区农户从事网络销售时间越长，对金华地区农户家庭收入贡献越大。可见，从事网络销售的时间是影响金华地区农户家庭收入的重要因素。此外，网络销售收入对金华地区农户家庭收入的贡献率较高。

丽水地区农户平均从事网络销售之前的家庭收入为 6.69 万元，平均从事网络销售第一年的家庭收入为 9.38 万元，同之前比，平均农户家庭收入增加了 2.69 万元，增长了 40.21％；平均 2018 年的农户家庭收入为 18.84 万元，同之前比，平均农户家庭收入增加了 12.15 万元，增长了 181.61％，同第一年比，平均增加了 9.46 万元，增长了 100.85％；平均 2018 年网络收入为 15.62 万元，平均占农户家庭总收入为 82.91％。数据分析显示，从丽水地区农户家庭收入上看，发展农村电子商务带来了该地区农户家庭收入增加，见表 6-9。从丽水地区农户从事网络销售时间看，丽水地区农户从事网络销售初期对家庭收入贡献率相对较低，随着经营时间拉长，丽水地区农户家庭收入贡献率越高。也就是说，在其他条件不变的情况下，丽水地区农户从事网络销售时间越长，对丽水地区农户家庭收入贡献越大。可见，从事网络销售的时间是影响丽水地区农户家庭收入的重要因素。此外，网络销售收入对丽水地区农户家庭收入的贡献率较高。

表 6-9　丽水地区农户家庭收入情况

单位：万元

主体	变量名称	均值	有效样本（个）
总体	从事网络销售之前家庭收入	6.69	350
	第一年家庭收入	9.38	
	2018 年家庭收入	18.84	
	2018 年网络收入	15.62	

数据来源：调查问卷。

（4）内部差异性分析

根据调研数据分析显示，不仅不同参与主体农户从事网络销售家庭收入内部存在差异性，而且不同地区农户从事网络销售家庭收入也存在差异性。从不同参与主体农户家庭收入内部差异性看，同之前比，截至 2018 年，平均网商农户、网供商农户、供应商农户参与网络销售家庭收入分别增长了 164.38%、148.45%、76.47%。可见，同之前比，农村电子商务对网商农户家庭收入贡献要高于网供商农户，网供商农户高于供应商农户。从不同地区农户家庭收入内部差异性看，同之前比，截至 2018 年，平均温州地区农户、金华农户、丽水农户参与网络销售后家庭收入分别增长了 102.20%、66.56%、181.61%。可见，同之前比，农村电子商务对丽水农户家庭收入贡献率相对较高，而对金华农户家庭收入贡献率相对较低。总之，从不同参与主体农户从事网络销售家庭收入内部存在差异性看，发展农村电子商务对网商农户贡献最大，对供应商农户贡献最小。从不同地区农户从事网络销售家庭收入存在差异性看，发展农村电子商务对经济欠发达地区的丽水贡献要远远大于温州地区、金华地区。这也验证了李琪等得出的农村电子商务发展尤其对经济欠发达地区的农户增收效益较好的结论[222]。

6.3.2　促进了生产方式改变

6.3.2.1　基于测量模型路径系数分析

根据测量模型路径系数，生产方式 $JJV2$ 与农村电子商务 $NCEC$ 的标准化路径系数为经济价值与农村电子商务的标准化路径系数和 $JJV2$ 与经济价值的路径系数乘积。经济价值与农村电子商务路径系数为 0.715，生产方式与经济价值路径系数为 0.757，农户生产方式与农村电子商务路径系数为 0.541，这说明在其他条件不变时，农村电子商务每提升 1 个单位，农户生产方式将提升 0.541 个单位。

6.3.2.2 基于调研数据分析

从调研数据看，农户通过参与农村电子商务实现了生产方式改变，且参与农户存在内部差异性。在新增生产方式方面，无论从总体农户看，还是从不同参与主体农户看，同原来比，都不同程度得到增加。从被调查总体农户看，72.91%的总体农户增加了订单式生产方式，24.12%的总体农户增加了定制式生产方式，2.79%的总体农户增加了网络众筹式生产方式，18.18%的总体农户增加了预售式生产方式。从被调查网商农户看，73.00%的网商农户增加了订单式生产方式，27.19%的网商农户增加了定制式生产方式，3.23%的网商农户增加了网络众筹式生产方式，21.67%的网商农户增加了预售式生产方式。从被调查供应商农户看，69.84%的供应商农户增加了订单式生产方式，16.67%的供应商农户增加了定制式生产方式，2.38%的供应商农户增加了网络众筹式生产方式，13.10%的供应商农户增加了预售生产方式。从被调查网供商农户看，91.36%的网供商农户增加了订单式生产方式，50.62%的网供商农户增加了定制式生产方式，2.47%的网供商农户增加了网络众筹式方式，27.16%的网供商农户增加了预售式生产方式，见表 6-10。以上数据分析显示，新增订单式、定制式、预售式生产方式比例最高均为网供商农户，比例最低均为供应商农户；而网络众筹生产方式比例最高为网商农户，比例最低为供应商农户。同时，以上数据分析也表明：农户可以通过网络销售平台同购买者

表 6-10 总体及不同参与主体农户新增生产方式情况

变量名称	总体农户	网商	供应商	网供商
有效样本（个）	1 111	526	504	81
订单式生产方式（%）	72.91	73.00	69.84	91.36
定制式生产方式（%）	24.12	27.19	16.67	50.62
网络众筹生产方式（%）	2.79	3.23	2.38	2.47
预售式生产方式（%）	18.18	21.67	13.10	27.16
其他生产方式（%）	15.93	11.60	22.02	6.17

数据来源：调查问卷。

在线就产品数量、规格、价格等达成订单式生产，也可以按照消费者需求实现产品定制生产，还可以对某种产品就某个主题通过网络平台发布产品信息实现网络众筹，并根据网络众筹数量、规模进行生产。预售式生产方式同网络众筹式生产方式类似，通过网络平台进行宣传，根据网络预定数量进行生产。这一结论与成晨[176]的实证结果类似，即发展农村电子商务均不同程度上促进了农户生产方式改变。

6.3.3　促进农户产品销量增加

6.3.3.1　基于测量模型路径系数分析

根据测量模型路径系数，产品销量 JJV3 与农村电子商务 NCEC 的标准化路径系数为经济价值与农村电子商务的标准化路径系数和 JJV3 与经济价值的路径系数乘积。经济价值与农村电子商务路径系数为 0.715，产品销量与经济价值路径系数为 0.733，农户产品销量与农村电子商务路径系数为 0.524，这说明在其他条件不变时，农村电子商务每提升 1 个单位，农户产品销量将提升 0.524 个单位。

6.3.3.2　基于调研数据分析

从调研数据看，农户通过参与农村电子商务实现了产品网络销售提升，农户产品销售额较之前比，都出现了增加，且参与农户存在内部差异性。

（1）总体农户销售额

从总体上看，平均农户从事网络销售之前的销售额 106.45 万元，平均 2018 年销售额 225.52 万元，同之前比，平均增加了 119.07 万元，增长了 111.86％，见表 6 - 11。数据分析显示，发展农村电子商务带来了总体农户产品销量增加，且增长率较高。

（2）不同主体农户销售额

从不同参与主体农户网络销售额看，平均网商农户从事网络销售之前的销售额为 120.84 万元，平均 2018 年网商农户从事网络销售的销售额为 313.39 万元，同之前比，截止到 2018 年，平均网商农户从事网络销售的销售额增加 192.55 万元，增长了 159.34％。平均供应商农户从事网络销售之前的销售额为 73.86 万元，平均 2018 年供应商农户从事网络销售的销售额为 130.33 万元，同之前比，截止到 2018 年，平均供应商农户从事网络销售的销售额增加 56.47 万元，增长了 76.46％。平均网供商农户从事网络销售之前的销售额为 283.35 万元，平均 2018 年网供商农户从事网络销售的销售额为 557.50 万元，同之前比，截止到 2018 年，平均网供商农户从事网络销售的销售额增加 274.15 万元，增长了 96.75%，见表 6-11。

表 6-11　总体及不同参与主体农户销售额情况

单位：万元

主体	变量名称	均值	有效样本（个）
总体	从事网络销售之前的销售额	106.45	759
	2018 年销售额	225.52	
网商	从事网络销售之前的销售额	120.84	250
	2018 年销售额	313.39	
供应商	从事网络销售之前的销售额	73.86	447
	2018 年销售额	130.33	
网供商	从事网络销售之前的销售额	283.35	62
	2018 年销售额	557.50	

数据来源：调查问卷。

调研数据分析显示，从不同参与主体农户网络销售额看，发展农村电子商务带来了农户产品销量增加，其中，网商农户产品销售额增长相对较高，而供应商农户产品销售额增长相对较低。

（3）不同地区农户销售额

从不同地区农户销售额看，温州地区平均农户从事网络销售之前的销售额为 112.18 万元，平均 2018 年的销售额为 241.55 万元，同之前比，截止到 2018 年，平均销售额增加 129.37 万元，平均增长了 115.32%。金华地区平均农户从事网络销售之前的销售额为 163.48 万元，平均 2018 年的销售额为 310.39 万元，同之前比，截止到 2018 年，平均销售额增加 146.91 万元，增长了 89.86%。丽水地区平均农户从事网络销售之前的销售额为 31.93 万元，平均 2018 年的销售额为 105.49 万元，同之前比，截止到 2018 年，平均销售额增加 73.56 万元，平均增长率达 230.38%，见表 6-12。数据分析显示，从不同地区农户销售额上看，发展农村电子商务带来了农户产品销售额增加，其中，丽水地区农户产品销售额增长相对较高，而金华地区农户产品销售额增长相对较低。

表 6 - 12 不同地区农户网络销售额情况

单位：万元

地区	变量名称	均值	有效样本（个）
温州	从事网络销售之前的销售额	112.18	272
	2018 年销售额	241.55	
金华	从事网络销售之前的销售额	163.48	264
	2018 年销售额	310.39	
丽水	从事网络销售之前的销售额	31.93	223
	2018 年销售额	105.49	

数据来源：调查问卷。

总之，无论从总体农户看还是从不同参与主体农户看以及分地区农户看，得出的结论与 Alan Lukose[112] 的实证结果类似，即发展农村电子商务带来了农户产品销售额增加。从不同参与主体农户网络销售额看，网商农户产品销售额增长相对较高，而供应商农户产品销售额增长相对较低。从不同地区农户销售额上看，丽水地区农户产品销售额增长相对较高，而金华地区农户产品销售额增长相对较低。

6.3.4 提升产品质量品牌

6.3.4.1 基于测量模型路径系数分析

根据测量模型路径系数，产品质量 $JJV4$ 与农村电子商务 $NCEC$ 的标准化路径系数为经济价值与农村电子商务的标准化路径系数和 $JJV4$ 与经济价值的路径系数乘积。经济价值与农村电子商务路径系数为 0.715，产品质量与经济价值路径系数为 0.751，农户产品销量与农村电子商务路径系数为 0.537，这说明在其他条件不变时，农村电子商务每提升 1 个单位，农户产品质量将提升 0.537 个单位。

6.3.4.2 基于调研数据分析

从调研数据看，农户通过参与农村电子商务实现了产品质量品牌提升，且参与农户存在内部差异性。农村电子商务使得产品知名度提升，尤其许多产品通过电商网络平台快速扩散，成为"网红"产品，得到大众消费者认可，带来产品销售地域范围扩大，逐步打响产品知名度、美誉度。从被调查总体农户销售产品品牌看 82.57% 的总体农户网络销售产品品牌，其中销售自己注册的品牌（占 31.54％）较多，其次是销售他人注册的品牌（占 26.59％）。从被调查网商农户销售产品品牌看，80.42％的网商农户网络销售产品品牌，其中销售自己注册的品牌较多（占 42.40％），其次是销售他人注册的品牌（占31.56％）。从被调查供应商农户销售产品品牌看，63.04％的供应商农户网络销售产品品牌，其中销售他人注册的品牌（占 22.92％）较多，其次是销售县域公共品牌（占 19.57％）。从被调查网供商农户销售产品品牌看，95.06％的网供商农户网络销售产品品牌，其中销售自己注册的品牌（占 67.90％）较多，其次是售他人注册的品牌（占 23.46％），见表 6 - 13。以上数据分析显示，无论从总体农户，还是从不同参与主体农户，网络销售品牌产品的农户比例较高，均超过六成，最高达九成以上。可见发展农村电子商务提升了产品品牌知名度。值得注意的是农户网络销售的市域或县域公共品牌相对较少。

表 6 - 13　总体农户及不同参与主体农户网络销售产品品牌情况

农户	变量名称	个数	频率（％）	有效样本（个）
总体	自己注册的品牌	351	31.54	1 111
	县域公共品牌	133	11.95	
	市域公共品牌	46	4.13	
	他人注册的品牌	296	26.59	
	没有	194	17.43	
网商	自己注册的品牌	223	42.40	526
	县域公共品牌	32	6.08	
	市域公共品牌	9	1.71	
	他人注册的品牌	166	31.56	
	没有	103	19.58	
供应商	自己注册的品牌	73	14.43	504
	县域公共品牌	99	19.57	
	市域公共品牌	35	6.92	
	他人注册的品牌	116	22.92	
	没有	187	36.96	
网供商	自己注册的品牌	55	67.90	81
	县域公共品牌	2	2.47	
	市域公共品牌	2	2.47	
	他人注册的品牌	19	23.46	
	没有	4	4.94	

数据来源：调查问卷。

从网商农户网络销售产品认证情况看，51.71％的网商农户网络销售的产品得到认证，主要是行业认证（占36.69％）和国家认证（占20.15％）产品。从网供商农户网络销售产品认证情况看，79.01％网供商农户网络销售的产品得到认证，主要是行业认证（占56.79％）和国家认证（占34.57％）产品。以上数据分析显示，无论从网商农户看，还是从供应商农户看，网络销售产品获得认证的农户比例较高，均超过五成。可见发展农村电子商务提升了产品质量保证，这一结论与Zhang Haibin、Zhang Guoqing[105]研究发现类似，即消费者在网上对农产品的评价行为驱使了商家重视产品质量，见表6-14。

表6-14　网商农户与网供商农户网络销售产品认证情况

农户	变量名称	个数	频率（％）	有效样本（个）
网商	行业认证	193	36.69	526
	国家认证	106	20.15	
	国际认证	7	1.33	
	没有认证	254	48.29	
网供商	行业认证	46	56.79	81
	国家认证	28	34.57	
	国际认证	5	6.17	
	没有认证	17	20.99	

数据来源：调查问卷。

近年来，网购消费转向绿色、健康、休闲等方向比较凸显，据阿里研究院研究发现，2016年符合绿色消费者特征的在线人群达到6500万人，占淘宝活跃用户的16％，2013—2016年增长了14倍。从网商农户网上销售的农产品获得认证情况看，66.90％的网商农户网络销售的农产品获得认证，45.07％的网商农户网络销售的农产品获得无公害农产品认证，56.34％的网商农户网络销售的农产品获得绿色食品认证。从供应商农户网上销售的农产品获得认证情况看，75.13％的供应商农户网络销售的农产品获得认证，48.73％的供应商农户网络销售的农产品获得无公害农产品认证，53.55％的供应商农户网络销售的农产品获得绿色食品认证。以上数据分析显示，无论从网商农户看，还是从供应商农户看，网络销售的农产品获得认证的农户比例较高，均超过六成。可见，发展农村电子商务提升了农产品质量，见表6-15。

表6-15　网商农户与供应商农户网络销售农产品认证情况

农户	变量名称	个数	频率（%）	有效样本（个）
网商	无公害农产品	64	45.07	142
	绿色食品	80	56.34	
	有机食品	2	1.41	
	没有	47	33.10	
供应商	无公害农产品	192	48.73	394
	绿色食品	211	53.55	
	有机食品	11	2.79	
	没有	98	24.87	

数据来源：调查问卷。

需要值得关注的是目前网上交易的农产品以无公害农产品、绿色食品为主，有机食品较少。无论从网商农户调查数据来看，还是从供应商农户的调查数据来看，浙江省农产品认证情况甚是堪忧。从网商农户网上销售农产品获得认证情况看，尚有33.10%网商农户网络销售农产品没有获得认证，只有1.41%获得有机食品认证。从供应商农户网上销售农产品获得认证情况看，尚有24.87%的供应商农户网络销售农产品没有获得认证，获得有机食品认证极低，占比2.79%。可见，浙江省网商农户和供应商农户网络销售的农产品质量依然不高，为农村电子商务发展提供产业支撑不足。总之，发展农村电子商务，有效地促进了产品的知名度、产品认证、质量提升。此外，从地区看，也可得出上述同样结论。

6.3.5　生产效率明显提升

6.3.5.1　基于测量模型路径系数分析

根据测量模型路径系数，生产效率 $JJV5$ 与农村电子商务 $NCEC$ 的标准化路径系数为经济价值与农村电子商务的标准化路径系数和 $JJV5$ 与经济价值的路径系数乘积。经济价值与农村电子商务路径系数为0.715，生产效率与经济价值路径系数为0.756，农户生产效率与农村电子商务路径系数为0.541，这说明在其他条件不变时，农村电子商务每提升1个单位，农户生产效率将提升0.541个单位。

6.3.5.2　基于调研数据分析

从调研数据看，农户通过参与农村电子商务实现了生产效率提高，且参与农户存在内部差异性。调查数据显示：从总体被调查农户对生产效率满意度来看，同之前比，53.28％的农户对发展农村电子商务明显提升了生产效率感到满意，其中，9.36％的总体农户感到非常满意，43.92％的总体农户感到比较满意。从被调查网商农户对生产效率满意度看，同之前比，53.81％的网商农户对发展农村电子商务明显提升了生产效率感到满意，其中，10.27％的网商农户感到非常满意，43.54％的网商农户感到比较满意。从被调查供应商农户对生产效率满意度来看，同之前比，52.57％的供应商农户对发展农村电子商务明显提升了生产效率感到满意，其中，8.13％的供应商农户感到非常认同，44.44％的供应商农户感到比较满意。从被调查网供商农户对生产效率满意度来看，同之前比，54.32％的网供商农户对发展农村电子商务明显提升了生产效率感到满意，其中，11.11％的网供商农户感到非常满意，43.21％的网供商农户感到比较满意，见表6-16。数据分析可见，无论从总体看，还是从不同参与主体看，发展农村电子商务均不同程度地提高了农户生产效率，这一研究结论与 Hou J[110]等的实证结果类似，即计算机使用与农户生产决策之间存在着显著的因果关系。尤其是对网供商农户提升生产效率更为显著。调研发现，许多网供商集生产、供货、销售于一体，其更能够对网络平台反馈的市场信息做出及时反应。而供应商相较于网供商来说，还要经过网商才能对网络平台反馈的市场信息做出回应。

表6-16 总体农户及不同参与主体农户对生产效率满意度情况

变量名称	总体农户	网商	供应商	网供商
有效样本（个）	1 111	526	504	81
非常认同（％）	9.36	10.27	8.13	11.11
比较认同（％）	43.92	43.54	44.44	43.21
一般（％）	40.41	40.49	40.28	40.74
不同意（％）	6.30	5.70	7.14	4.94
非常不同意（％）	—	—	—	—

数据来源：调查问卷。

6.3.6 促进了农户产业技术服务与培训

6.3.6.1 基于测量模型路径系数分析

根据测量模型路径系数，产业技术服务与培训 $JJV6$ 与农村电子商务 $NCEC$ 的标准化路径系数为经济价值与农村电子商务的标准化路径系数和

JJV6与经济价值的路径系数乘积。经济价值与农村电子商务路径系数为0.715，产业技术服务与培训与经济价值路径系数为0.767，农户产业技术服务与培训与农村电子商务路径系数为0.548，说明其他条件不变时，农村电子商务每提升1个单位，产业技术服务与培训提升0.548个单位。

6.3.6.2 基于调研数据分析

从调研数据看，农户通过参与农村电子商务获得更多产业技术服务与培训，且参与农户存在内部差异性。从总体农户对获得产业技术服务与培训满意度来看，38.16%的总体农户对获得产业技术服务与培训表示满意，其中，8.28%的总体农户表示非常满意，29.88%的总体农户表示比较满意；从网商农户对获得产业技术服务与培训满意度来看，39.93%的网商农户表示满意，其中，9.32%的网商农户表示非常满意，30.61%的网商农户表示比较满意。从供应商农户对获得产业技术服务与培训满意度来看，36.71%的供应商农户表示满意，其中，7.54%的供应商农户表示非常满意，29.17%的供应商农户表示比较满意。从网供商农户对获得产业技术服务与培训满意度来看，35.80%的网供商农户表示满意，其中，6.17%的网供商农户表示非常满意，29.63%的网供商农户表示比较满意，见表6-17。以上调查数据分析显示，同之前比，发展农村电子商务，农户获得了更多产业技术服务与培训，这一结论与Muthukumar N[126]研究非洲农民通过采用电子商务发现类似，即电子商务加强了农民之间的联系和传播有关农业技术、天气预报和市场需求的信息。尤其对网商农户在获得产业技术服务与培训方面贡献相对更为明显。可能的原因是网商农户比供应商农户、网供商农户更专注于网络销售，相对而言，其更愿意参加政府、协会等组织的各类培训与学习机会。

表6-17 总体农户及不同参与主体农户对产业技术服务与培训满意度情况

变量名称	总体农户	网商	供应商	网供商
有效样本（个）	1 111	526	504	81
非常认同（%）	8.28	9.32	7.54	6.17
比较认同（%）	29.88	30.61	29.17	29.63
一般（%）	38.52	38.02	38.29	43.21
不同意（%）	23.13	21.86	24.80	20.99
非常不同意（%）	0.18	0.19	0.20	—

数据来源：调查问卷。

6.3.7 促进了产品销售成本降低

6.3.7.1 基于测量模型路径系数分析

根据测量模型路径系数，产品销售成本 $JJV8$ 与农村电子商务 $NCEC$ 的标准化路径系数为经济价值与农村电子商务的标准化路径系数和 $JJV8$ 与经济价值的路径系数乘积。经济价值与农村电子商务路径系数为 0.715，产品销售成本与经济价值路径系数为 0.842，农户产品销售成本与农村电子商务路径系数为 0.602，这说明在其他条件不变时，农村电子商务每提升 1 个单位，农户产品销售成本将下降 0.602 个单位。

6.3.7.2 基于调研数据分析

从调研数据看，农户通过参与农村电子商务实现了产品销售成本下降，且参与农户存在内部差异性。从被调查总体农户认同度来看，47.43％的总体农户对农村电子商务发展促进了产品销售成本降低表示认同，其中，7.92％的总体农户表示非常认同，39.51％的总体农户表示比较认同。从网商农户认同度来看，48.86％的网商农户对农村电子商务发展促进了产品销售成本降低表示认同，其中，8.56％的网商农户表示非常认同，40.30％的网商农户表示比较认同；从供应商农户认同度来看，45.83％的供应商农户对农村电子商务发展促进了产品销售成本降低表示认同，其中，7.34％的供应商农户表示非常认同，38.49％的供应商农户表示比较认同。从网供商农户认同度来看，48.15％的网供商农户对农村电子商务发展促进了产品销售成本降低表示认同，其中，7.41％的网供商农户表示非常认同，40.74％的网供商农户表示比较认同，见表 6-18。数据分析显示，农村电子商务发展对网商农户、供应商农户、网供

表 6-18　总体农户及不同参与主体农户对销售成本降低满意度

变量名称	总体农户	网商	供应商	网供商
有效样本（个）	1 111	526	504	81
非常认同（％）	7.92	8.56	7.34	7.41
比较认同（％）	39.51	40.30	38.49	40.74
一般（％）	33.93	33.65	33.73	37.04
不同意（％）	18.36	16.92	20.44	14.81
非常不同意（％）	0.27	0.57	—	—

数据来源：调查问卷。

商农户的产品销售成本降低有不同程度的促进作用，其中，对网商农户的产品销售成本降低相对要明显一些。

从被调查供应商农户与网供商农户对采纳电子商务带来产品利润上涨及增幅同样佐证上述部分结论。从供应商农户利润上涨看，56.52%的供应商农户认为利润上涨，平均上涨16.88%；在利润上涨幅度上，59.09%的供应商农户利润上涨在1%～10%之间，25.18%的供应商认为利润上涨在11%～20%之间，12.23%的供应商认为利润上涨在21%～50%之间，3.50%的供应商认为利润上涨在51%以上。从网供商农户利润上涨看，56.79%的网供商农户认为利润上涨，平均上涨15.02%；在利润上涨幅度上，69.57%的网供商农户利润上涨在1%～10%之间，13.04%的网供商农户认为利润上涨在11%～20%之间，15.22%的网供商农户认为利润上涨在21%～50%之间，2.17%的网供商农户认为利润上涨在51%以上，见表6-19。数据分析表明，产品利润上涨的供应商农户和网供商农户比重趋同，在利润上涨幅度上，供应商农户比重高于网供商农户比重。可见，农村电子商务发展促进了供应商农户和网供商农户的产品销售成本降低。原因在于农户通过农村电商网络平台销售农产品，在农产品价格不变的情况下，网商和消费者直接交易，省去诸多中间环节，减轻了农户的负担，促进了产品利润上涨，使销售成本降低。

表6-19　供应商农户与网供商农户利润上涨情况

农户	变量名称	频率（%）	有效样本（个）
供应商	1%～10%	59.09	504
	11%～20%	25.18	
	21%～50%	12.23	
	51%以上	3.50	
网供商	1%～10%	69.57	81
	11%～20%	13.04	
	21%～50%	15.22	
	51%以上	2.17	

数据来源：调查问卷。

6.4　社会价值贡献

根据测量模型路径系数，$SHV1$、$SHV2$、$SHV3$、$SHV4$、$SHV6$、$SHV7$、$SHV8$ 等7个题与 SHV 路径系数分别为 0.768、0.712、0.743、0.901、0.768、0.764、0.847，说明农村电子商务发展对促进返乡人员价值贡献最大，其次是交流方式、基础设施、消费能力、综合素质、社会地位价值贡献，农村电子商务发展对生活方式价值贡献最小。基于调研数据分析，农村电子商务发展社会价值贡献主要涉及农村基础设施更加完善、对农民生活方式贡献、对家庭社会地位提升、对农民创业就业贡献、促进网络购物增加、农民综合素质的提高、农民交流方式改变等。

6.4.1　农村基础设施更加完善

6.4.1.1　基于测量模型路径系数分析

根据测量模型路径系数，基础设施 $SHV1$ 与农村电子商务 $NCEC$ 的标准化路径系数为社会价值与农村电子商务的标准化路径系数和 $SHV1$ 与社会价值的路径系数乘积。社会价值与农村电子商务路径系数为 0.766，基础设施与社会价值路径系数为 0.768，基础设施与农村电子商务路径系数为 0.588，这说明在其他条件不变时，农村电子商务每提升 1 个单位，基础设施将提升 0.588 个单位。

6.4.1.2　基于调研数据分析

从调研数据看，农户通过参与农村电子商务促进了农村基础设施更加完善，且参与农户认同度存在内部差异性。

发展农村电子商务促进了乡村道路、网络、通信、农村电子商务服务站点等建设和不断完善。数据统计显示：从总体农户看，64.80%的总体农户认为发展农村电子商务促进了本村道路、网络等基础设施比以前更加完善，其中，16.20%的总体农户表示非常认同，48.60%的总体农户表示比较认同。从网商农户看，65.97%的网商农户认为发展农村电子商务促进了本村道路、网络等基础设施比以前更加完善，其中，19.01%的网商农户表示非常认同，46.96%的网商农户表示比较认同。从供应商农户看，62.89%的供应商农户认为发展农村电子商务促进了本村道路、网络等基础设施比以前更加完善，其中，13.29%的供应商农户表示非常认同，49.60%的供应商农户表示比较认同。从网供商农户看，69.14％的网供商农户认为发展农村电子商务促进了本村道路、网络等基础设施比以前更加完善，其中，16.05％的网供商农户表示非常认同，53.09％的网供商农户表示比较认同，见表 6 - 20。

此外，从调查村主要道路路面情况看，88.57％的调查村主要道路是水泥路面，11.43％的为柏油路面，见表 3 - 9。在政策推动下，浙江省农村电子商务配送站点布局从无到有，得到较快发展，乡村物流得到进一步强化。根据《浙江省第三次农业普查主要数据公报》数据显示，到 2016 年末，浙江省有近36.5％的行政村未建立电子商务配送站点（不包括代收代寄快递的小卖部、便利店和无人值守的各类配送柜）。从调研数据看，截止到调研为止，浙江省有近 45.71％的行政村建立了电子商务配送站点。值得关注的是浙江省行政村建立电子商务配送站点依然不足，见表 3 - 9。

表 6 - 20　总体农户及不同参与主体农户对基础设施满意度情况

变量名称	总体农户	网商	供应商	网供商
有效样本（个）	1 111	526	504	81
非常认同（％）	16.20	19.01	13.29	16.05
比较认同（％）	48.60	46.96	49.60	53.09
一般（％）	34.02	32.89	35.71	30.86
不同意（％）	1.17	1.14	1.39	—
非常不同意（％）	—	—	—	—

数据来源：调查问卷。

6.4.2　对农民生活方式的贡献

6.4.2.1　基于测量模型路径系数分析

根据测量模型路径系数，生活方式 SHV2 与农村电子商务 NCEC 的标准化路径系数为社会价值与农村电子商务的标准化路径系数和 SHV2 与社会价值的路径系数乘积。社会价值与农村电子商务路径系数为 0.766，生活方式与社会价值路径系数为 0.712，农户生活方式与农村电子商务路径系数为 0.545，这说明在其他条件不变时，农村电子商务每提升 1 个单位，农户生活方式将提升 0.545 个单位。

6.4.2.2　基于调研数据分析

从调研数据看，农户通过参与农村电子商务促进了生活方式改变，且参与农户存在内部差异性。

随着"电子商务+"理念的提出和广泛应用，电子商务将农村与城市紧密相连，随处可见智能化的生活方式，农村生活越来越便利化。农户利用手机、电脑、或请他人代购方式实现网络购买生活用品、购买生产资料、代缴水电费、金融贷款以及扩大社会交往圈等。在网络购物使用工具方面，从被调查总体农户看，88.36%的被调查总体农户使用电脑、手机，其中，1.27%的总体农户全部用电脑，11.45%的总体农户全部用手机，28.47%的总体农户电脑为主兼用手机，47.16%的总体农户手机为主兼用电脑。从被调查网商农户看，100%的被调查网商农户使用电脑、手机，其中，1.94%的网商农户全部用电脑，5.81%的网商农户全部用手机，38.76%的网商农户电脑为主兼用手机，53.49%的网商农户手机为主兼用电脑。从被调查供应商农户看，72.47%的被调查供应商农户使用电脑、手机，其中，0.24%的供应商农户全部用电脑，20.47%的供应商农户全部用手机，12.24%的供应商农户电脑为主兼用手机，39.53%的供应商农户手机为主兼用电脑。从被调查网供商农户看，100%的被调查网供商农户使用电脑、手机，其中，网供商农户全部用电脑或全部用手机网络购物的比例均为2.47%，48.15%的网供商农户电脑为主兼用手机，46.91%的网供商农户手机为主兼用电脑。此外，还有11.64%的总体农户请他人代购和27.53%的供应商农户请他人代购，见表6-21。

表6-21　总体农户及不同参与主体农户网络购物使用工具情况

变量名称	总体农户	网商	供应商	网供商
有效样本（个）	1 111	526	504	81
全部用电脑（%）	1.27	1.94	0.24	2.47
全部用手机（%）	11.45	5.81	20.47	2.47
电脑为主兼用手机（%）	28.47	38.76	12.24	48.15
手机为主兼用电脑（%）	47.16	53.49	39.53	46.91
请他人代购（%）	11.64	—	27.53	—

数据来源：调查问卷。

数据统计显示，无论从总体农户看，还是从参与主体农户看，使用上网工具进行购物的农户比重较高，其中网商农户和网供商农户全部使用过上网工具进行购物。也就是说，农村电子商务发展在某种程度上促进了农户生活方式改变，尤其是对网商农户和网供商农户生活方式影响相对较强，而对供应商农户生活方式影响相对较弱。此外，农户使用上网工具由网络端向移动端趋势比较明显。

从被调查农户在日常生活中应用电子商务广度看，在购买生活用品方面，86.43%的被调查总体农户通过网络购买过生活用品，网商农户有96.96%，供应商农户有74.60%，网供商农户有93.83%。在购买生产资料方面，39.62%的被调查总体农户通过网络购买过生产资料，网商农户有49.05%，供应商农户有26.59%，网供商农户有60.49%。在代缴水电费方面，35.49%的被调查总体农户通过网络代缴水电费，网商农户有50.38%，供应商农户有17.46%，网供商农户有51.85%。在金融贷款方面，15.81%的被调查总体农户通过网络实现金融贷款，网商农户有27.19%，供应商农户有4.56%，网供商农户有12.35%。在社会交往方面，60.74%的被调查总体农户通过网络实现交流，网商农户有72.43%，供应商农户有48.21%，网供商农户有64.20%，见表6-22。

表6-22 总体农户及不同参与主体农户对农村电子商务带来便利满意度情况

变量名称	总体农户	网商	供应商	网供商
有效样本（个）	1 111	526	504	81
购买生活用品（%）	86.43	96.96	74.60	93.83
生产资料（%）	39.62	49.05	26.59	60.49
代缴水电费（%）	35.49	50.38	17.46	51.85
金融贷款（%）	15.81	27.19	4.56	12.35
社会交往（%）	60.74	72.43	48.21	64.20
其他（%）	3.78	1.33	6.75	1.23

数据来源：调查问卷。

以上对农户在日常生活中应用电子商务广度数据分析进一步佐证了Sapna A，Narula[122]的研究发现，即农民利用村级互联网站点进行网上订票、网上支付账单、财产信息登记等。

6.4.3 家庭社会地位提升

6.4.3.1 基于测量模型路径系数分析

根据测量模型路径系数，社会地位 $SHV3$ 与农村电子商务 $NCEC$ 的标准化路径系数为社会价值与农村电子商务的标准化路径系数和 $SHV3$ 与社会价值的路径系数乘积。社会价值与农村电子商务路径系数为 0.766，社会地位与社会价值路径系数为 0.743，农户社会地位与农村电子商务路径系数为 0.569，这说明在其他条件不变时，农村电子商务每提升 1 个单位，农户社会地位将提升 0.569 个单位。

6.4.3.2　基于调研数据分析

从调研数据看，农户通过参与农村电子商务提升了社会地位，且参与农户存在内部差异性。

发展农村电子商务在带给农户家庭收入的同时，也提高了农户家庭的社会地位。从总体农户看，52.83% 的总体农户认为对发展农村电子商务带来家庭社会地位提升感到满意，其中，9.18% 的总体农户感到非常满意，43.65% 的总体农户感到比较满意。从网商农户看，56.66% 的网商农户感到满意，其中，8.94% 的网商农户感到非常满意，47.72% 的网商农户感到比较满意。从供应商农户看，48.42% 的供应商农户认为对发展农村电子商务带来家庭社会地位提升感到满意，其中，9.13% 的供应商农户感到非常满意，39.29% 的供应商农户感到比较满意。从网供商农户看，55.55% 的网供商农户认为对发展农村电子商务带来家庭社会地位提升感到满意，其中，11.11% 的网供商农户感到非常满意，44.44% 的网供商农户感到比较满意，见表 6-23。

表 6-23　总体农户及不同参与主体农户对家庭社会地位满意度情况

变量名称	总体农户	网商	供应商	网供商
有效样本（个）	1 111	526	504	81
非常认同（%）	9.18	8.94	9.13	11.11
比较认同（%）	43.65	47.72	39.29	44.44
一般（%）	46.62	42.59	51.19	44.44
不同意（%）	0.54	4/0.76	2/0.40	—
非常不同意（%）	—	—	—	—

数据来源：调查问卷。

以上数据分析可见，无论从总体农户看，还是从不同参与主体农户看，发展农村电子商务均带来农户家庭社会地位的提升，这一结论与 Georgiadou K 等[115]实证结果类似，即电子商务为生活在农村、偏远和孤立地区的社会经济弱势群体获取非正规教育及社区赋权。此外，从分地区看，也得出与上述同样结论。

6.4.4 对返乡农民创业就业的贡献

6.4.4.1 基于测量模型路径系数分析

根据测量模型路径系数，返乡农民创业就业 SHV4 与农村电子商务 NCEC 的标准化路径系数为社会价值与农村电子商务的标准化路径系数和 SHV4 与社会价值的路径系数乘积。社会价值与农村电子商务路径系数为 0.766，返乡农民创业就业与社会价值路径系数为 0.901，返乡农民创业就业与农村电子商务路径系数为 0.690，这说明在其他条件不变时，农村电子商务每提升 1 个单位，返乡农民创业就业将提升 0.690 个单位。

6.4.4.2 基于调研数据分析

从调研数据看，农户通过参与农村电子商务促进了返乡农民创业就业，且参与农户存在内部差异性。政府、电商企业、农村电子商务服务商等多方资源推动政策、资本、技术等各类要素向农村电子商务创新创业集聚，实现了农民运用电商平台就地创业。相关财政政策措施拓展返乡下乡人员运用电商创新创业，适当放宽返乡人员用电用水用地标准，吸引更多返乡人员入驻电子商务创业园创业。农村电子商务从农民合作社生产加工这个产业底层端里面带动人才的振兴，带动"村官"创业、返乡农民工创业、返乡快递员创业、返乡退伍军人创业、传统商人、公司职员，还带动残疾人创业和留守妇女就地创业及外省大学生、外省经商就业创业。基于阿里研究院的研究成果和各方面的数据分析，近年来，县及县以下返乡从事互联网农业的年轻人有大约 200 万名，普遍在运用着网店、微商和微博等工具，成为农村电商又一活跃的因素，而且正在日益呈现聚合化的趋势。

基于调研数据分析佐证了 Pushpa B[121]的研究结论，即信息和通信技术使得人们从城市迁移到农村，给许多人带来就业机会。具体分析如下：从总体被调查农户看，37.92% 为普通农户，3.14% 为农业规模经营户，17.16% 为返乡务工人员，0.63% 为退伍军人，18.96% 为在外经商返乡人员，0.72% 为村干部，14.20% 为返乡大学生，1.9% 为其他人员等。从被调查网商农户看，12.74% 为普通农户，2.47% 为农业规模经营户，27.57% 为返乡务工人员，0.57% 为退伍军人，21.10% 为在外经商返乡人员，0.76% 为村干部，23.95% 为返乡大学生，10.84% 为其他人员等。从被调查供应商农户看，69.76% 为普通农户，3.75％为农业规模经营户，5.34％为返乡务工人员，0.40％为退伍军人，13.04％为在外经商返乡人员，0.79％为村干部，3.36％为返乡大学生，3.56％为其他人员等。从被调查网供商农户看，2.47％为普通农户，3.70％为农业规模经营户，23.46％为返乡务工人员，2.47％为退伍军人，41.98％为在外经商返乡人员，18.52％为返乡大学生，4.94％为其他人员等，见表 6 - 24。数据分析发现，网供商农户群体中返乡农户比重相对较高，其中，比例最高为在外经商返乡人员，而在网商农户群体中返乡务工人员比重最高。总之，农村电子商务发展促进了较多农户返乡创业，也正是在政府、电商平台、电商服务商一起推动下，从电商人才培养到农村电商综合服务，已经富有成效。值得关注的是农村电子商务发展对普通农户（占比 37.92％）带动相对较弱。

表 6 - 24　总体农户及不同参与主体农户从事电商之前身份情况

变量名称	总体农户	网商	供应商	网供商
有效样本（个）	1 111	526	504	81
普通村民（％）	37.92	12.74	69.76	2.47
农业规模经营户（％）	3.14	2.47	3.75	3.70
返乡务工人员（％）	17.16	27.57	5.34	23.46
退伍军人（％）	0.63	0.57	0.40	2.47
在外经商返乡人员（％）	18.96	21.10	13.04	41.98
村干部（％）	0.72	0.76	0.79	—
返乡大学生（％）	14.20	23.95	3.36	18.52
其他人员（％）	7.27	10.84	3.56	4.94

数据来源：调查问卷。

6.4.5　促进网络购物增加

6.4.5.1　基于测量模型路径系数分析

根据测量模型路径系数，网络购物 $SHV6$ 与农村电子商务 $NCEC$ 的标准化路径系数为社会价值与农村电子商务的标准化路径系数和 $SHV6$ 与社会价值的路径系数乘积。网络购物与农村电子商务路径系数为 0.766，网络购物与社会价值路径系数为 0.768，农户网络购物与农村电子商务路径系数为 0.588，这说明在其他条件不变时，农村电子商务每提升 1 个单位，农户网络购物将提升 0.588 个单位。

6.4.5.2 基于调研数据分析

从调研数据看，农户通过参与农村电子商务促进网络购物增加，且参与农户存在内部差异性。

（1）总体农户网络购物

从被调查总体农户网络购物看，平均 2018 年被调查总体农户网络消费 20 069 元，比浙江省全体居民人均网络消费高出 5 000 多元，比农村居民人均生活消费支出还高出 300 多元，见表 6 - 25、表 6 - 26。可见，农村电子商务发展不仅提高了农户生活消费支出，而且促进了农户网络消费，这一研究结论与刘根荣[182]的实证结果类似，即发展农村电子商务可减少供求矛盾、满足消费需求、促进消费增长。

表 6 - 25 平均 2018 年总体农户及不同参与主体农户网络购物情况

变量名称	总体农户	网商	供应商	网供商
有效样本（个）	993	515	397	81
网络购物（元）	20 069	24 564	11 913	31 272

数据来源：调查问卷。

表 6 - 26 浙江省及温州、金华、丽水人均居民网络消费额

名称	年末常住人口（万人）	居民网络购物消费总额（亿元）	人均居民网络消费额（元）	人均生活消费支出（元）	平均被调查农户网络消费额（元）
浙江省	5 737	8 471	14 766	19 707	20 069
温州	828.7	1 127.5	13 606	19 568	17 674
金华	488.97	862.9	17 647	18 550	24 765
丽水	210.3	270.19	12 848	16 623	17 464

数据来源：《2018 年浙江省及各地市国民经济和社会发展统计公报》①。

（2）不同参与主体农户网络购物

从网商农户网上购物看，平均 2018 年被调查网商农户网络消费 24 564 元，比浙江省全体居民人均网络消费高出 9 798 元，比浙江省农村居民人均生

---

① 根据《2018 年浙江省国民经济和社会发展统计公报》显示，2018 年末全省常住人口 5 737 万人，2018 年省内居民网络消费 8 471 亿元。

活消费支出还高出 4 857 元；从供应商农户网上购物看，平均 2018 年被调查供应商农户网络消费 11 913 元，比浙江省全体居民人均网络消费低出 2 853 元，比浙江省农村居民人均生活消费支出低出 7 794 元；从网供商农户网上购物看，平均 2018 年被调查网商农户网络消费 31 272 元，比浙江省全体居民人均网络消费高出 16 506 元，比浙江省农村居民人均生活消费支出还高出 11 565 元，见表 6-25、表 6-26。数据分析显示，农村电子商务发展促进了不同参与主体农户网络消费，网商农户、网供商农户网络购物均高于浙江省全体居民人均网络消费，也均高于浙江省农村居民人均生活消费支出，其中，对网供商农户网络消费影响相对较大。

（3）不同地区农户网络购物

从地区看，2018 年温州地区被调查农户网络消费 17 674 元，比温州地区全体居民人均网络消费高出 4 068 元，比农村居民人均生活消费支出低出 1 894 元；2018 年金华地区被调查农户网络消费 24 765 元，比金华地区全体居民人均网络消费高出 7 118 元，比农村居民人均生活消费支出低出 6 215 元；2018 年丽水地区被调查农户网络消费 17 464 元，比丽水地区全体居民人均网络消费高出 4 616 元，比农村居民人均生活消费支出低出 841 元，见表 6-26、表 6-27。数据分析发现，温州、金华、丽水三个地区被调查农户网络购物均高于本地区全体居民人均网络消费，也均高于本地区农村居民人均生活消费支出，其中，对金华地区被调查农户网络消费影响相对较大。

表 6-27　平均 2018 不同地区农户网络购物情况

变量名称	温州	金华	丽水
有效样本（个）	290	346	357
网络购物（元）	17 674	24 765	17 464

数据来源：调查问卷。

总之，从数据分析发现，被调查总体农户网络购物看，高于浙江省全体居民人均网络消费与浙江省农村居民人均生活消费支出。从地区看，被调查农户网络购物均高于本地区全体居民人均网络消费与本地区农村居民人均生活消费支出。从参与主体农户看，农村电子商务发展对网供商农户网络消费影响相对较强，而对供应商农户网络消费影响相对较弱。从不同地区农户看，农村电子商务对金华地区被调查农户网络消费影响相对较强，而对丽水与温州农户网络消费影响相对较弱。

6.4.6　农户综合素质提高

6.4.6.1　基于测量模型路径系数分析

根据测量模型路径系数，综合素质 $SHV7$ 与农村电子商务 $NCEC$ 的标准化路径系数为社会价值与农村电子商务的标准化路径系数和 $SHV7$ 与社会价值的路径系数乘积。社会价值与农村电子商务路径系数为 0.766，综合素质与社会价值路径系数为 0.764，农户综合素质与农村电子商务路径系数为 0.585，这说明在其他条件不变时，农村电子商务每提升 1 个单位，农户综合素质将提升 0.585 个单位。

6.4.6.2　基于调研数据分析

从调研数据看，农户通过参与农村电子商务促进了农户综合素质的提高，且参与农户存在内部差异性。

农户主要通过自学、向亲戚朋友等熟人学习或者参与由政府与社会机构组织的培训，提高其综合素质。调研数据显示：从网商农户学习途径及获得电商知识来看，在学习途径方面，81.37％的网商农户通过自学获得电商技能，57.22％的网商农户通过向亲戚朋友等熟人学习电商技能，21.86％的网商农户参与过政府组织的培训，27.38％的网商农户参与过社会机构组织的培训；在参与政府或社会机构组织培训获得电商知识方面，网商农户学习过网络操作（31.94％）、店铺运营（37.64％）、网络营销（36.31％）、商品摄影拍照（22.62％）、商品表述（23.19％）、新媒体营销（14.00％）。以上数据分析可见，发展农村电子商务有效地促进了网商农户获得电商知识途径的多元化及其自身素质的提高。值得关注的是网商农户参与政府或社会机构组织的培训相对较少，见表 6-28、表 6-29。

从网供商农户学习电商知识途径来看，在学习途径方面，79.01％的网供商农户通过自学获得电商技能，38.27％的网供商农户通过向亲戚朋友等熟人学习电商技能，18.52％的网供商农户参与过政府组织的培训，30.86％的网供商农户参与过社会机构组织的培训；在参与政府或社会机构组织培训获得电商知识方面，网供商农户学习过网络操作（48.15％）、店铺运营（50.62％）、网络营销（48.15％）、商品摄影拍照（29.63％）、商品表述（29.63％）、新媒体营销（17.28％）。以上数据分析可见，发展农村电子商务有效地促进了网供商农户获得电商知识途径的多元化及其自身素质的提高。值得关注的是网供商农户参与政府或社会机构组织的培训相对较少，见表 6-28、表 6-29。

表6-28 网商农户与网供商农户学习电商知识途径情况

农户	变量名称	频率（%）	有效样本（个）
网商	自学	81.37	526
	熟人	57.22	
	政府	21.86	
	社会组织	27.38	
	其他	0.76	
网供商	自学	79.01	81
	熟人	38.27	
	政府	18.52	
	社会组织	30.86	
	其他	—	

数据来源：调查问卷。

表6-29 网商农户与网供商农户参与政府或社会组织的培训情况

农户	变量名称	频率（%）	有效样本（个）
网商	网络操作	31.94	526
	店铺运营	37.64	
	网络营销	36.31	
	商品摄影拍照	22.62	
	商品表述	23.19	
	新媒体营销	14.00	
	其他	1.15	
网供商	网络操作	48.15	81
	店铺运营	50.62	
	网络营销	48.15	
	商品摄影拍照	29.63	
	商品表述	29.63	
	新媒体营销	17.28	
	其他	—	

数据来源：调查问卷。

总之，发展农村电子商务有效地促进了网商农户与网供商农户获得电商知识途径的多元化及其自身素质的提高，这一结论与 You-Te Lu，Yi-Hsing

Chang[125]的研究发现类似，即信息通信技术的发展不仅推动了农户自学和获取信息的机会，而且也为解决农户之间数字鸿沟提供了有效的办法。

6.4.7 交流方式改变

6.4.7.1 基于测量模型路径系数分析

根据测量模型路径系数，交流方式 $SHV8$ 与农村电子商务 $NCEC$ 的标准化路径系数为社会价值与农村电子商务的标准化路径系数和 $SHV8$ 与社会价值的路径系数乘积。社会价值与农村电子商务路径系数为 0.766，交流方式与社会价值路径系数为 0.847，农户交流方式与农村电子商务路径系数为 0.649，这说明在其他条件不变时，农村电子商务每提升 1 个单位，农户交流方式将提升 0.649 个单位。

6.4.7.2 基于调研数据分析

从调研数据看，农户通过参与农村电子商务促进了交流方式改变，且参与农户存在内部差异性。从总体农户看，70.83%的总体农户认为发展农村电子商务使沟通交流更加便捷，其中，23.58%的总体农户表示非常认同，47.25%的总体农户表示比较认同。从网商农户看，72.44%的网商农户认为发展农村电子商务使沟通交流更加便捷，其中，27.38%的网商农户表示非常认同，45.06%的网商农户表示比较认同。从供应商农户看，68.65%的供应商农户认为发展农村电子商务使沟通交流更加便捷，其中，20.24%的供应商农户表示非常认同，48.41%的供应商农户表示比较认同。从网供商农户看，74.07%的网供商农户认为发展农村电子商务使沟通交流更加便捷，其中，19.75%的网供商农户表示非常认同，54.32%的网供商农户表示比较认同，见表 6-30。

表 6-30　总体农户与不同参与主体农户对交流方式满意度情况

变量名称	总体农户	网商	供应商	网供商
有效样本（个）	1 111	526	504	81
非常认同（%）	23.58	27.38	20.24	19.75
比较认同（%）	47.25	45.06	48.41	54.32
一般（%）	27.54	26.05	29.37	25.93
不同意（%）	1.62	1.52	1.98	—
非常不同意（%）	—	—	—	—

数据来源：调查问卷。

数据统计显示：农村电子商务发展促进了参与主体的交流方式改变，其中，对网供商农户的交流方式改变影响相对较大。可见，在农村地区发展电子商务的同时，也推动了农村网络设施不断完善，促进了农户利用社交网络平台与外界进行更加方便快捷地沟通交流，这一结论与Adamides[123]的研究结果比较类似，即互联网可以改善农户沟通与交流方式。

6.5 文化价值贡献

根据测量模型路径系数，$WHV1$、$WHV2$、$WHV3$等3个题项与WHV路径系数分别为0.780、0.836、0.751，说明农村电子商务发展对促进乡村商业氛围价值贡献最大，其次是乡风文明建设价值贡献，农村电子商务发展对城乡文化融合价值贡献最小。基于调研数据分析，农村电子商务发展生态价值贡献主要涉及促进了乡风文明、推动了商业文化氛围、促进了城乡文化融合等。

6.5.1 促进了乡风文明

6.5.1.1 基于测量模型路径系数分析

根据测量模型路径系数，乡风文明$WHV1$与农村电子商务$NCEC$的标准化路径系数为文化价值与农村电子商务的标准化路径系数和$WHV1$与文化价值的路径系数乘积。文化价值与农村电子商务路径系数为0.780，乡风文明与文化价值路径系数为0.780，乡风文明与农村电子商务路径系数为0.608，这说明在其他条件不变时，农村电子商务每提升1个单位，乡风文明将提升0.608个单位。

6.5.1.2 基于调研数据分析

从调研数据看，农户通过参与农村电子商务促进了乡风文明，且参与农户认同度存在内部差异性。从总体农户看，51.12%的总体农户认为发展农村电子商务促进了乡风文明改善，其中，7.11%的总体农户表示非常认同，44.01%的总体农户表示比较认同。从网商农户看，52.85%的网商农户认为发展农村电子商务促进了乡风文明改善，其中，6.46%的网商农户表示非常认同，46.39%的网商农户表示比较认同。从供应商农户看，48.61%的供应商农户认为发展农村电子商务促进了乡风文明改善，其中，7.94%的供应商农户表示非常认同，40.67%的供应商农户表示比较认同。从网供商农户看，

55.55%的网供商农户认为发展农村电子商务促进了乡风文明改善，其中，6.17%的网供商农户表示非常认同，49.38%的网供商农户表示比较认同，见表6-31。

表 6-31　总体农户与不同参与主体农户对乡风文明满意度情况

变量名称	总体农户	网商	供应商	网供商
有效样本（个）	1 111	526	504	81
非常认同（%）	7.11	6.46	7.94	6.17
比较认同（%）	44.01	46.39	40.67	49.38
一般（%）	47.97	45.63	50.99	44.44
不同意（%）	0.90	1.52	0.40	—
非常不同意（%）	—	—	—	—

数据来源：调查问卷。

以上数据分析显示，农村电子商务发展有效地促进了乡风文明建设，其中，网供商农户对发展农村电子商务促进了乡风文明改善认可度相对较高。由于电子商务将大量的外出劳动力吸引回村，使留守儿童、夫妻离异、留守老人数量减少，农村家庭比以前更加和谐。同时，农村电子商务具有吸纳乡村剩余劳动力作用，村庄的闲散人员明显减少，例如：封建迷信活动、聚众赌博等不文明现象明显减少。许多调查村既是"电商村"也是"平安村""文明村"，农村电子商务发展促进了乡村文明建设。

6.5.2　推动了商业文化氛围

6.5.2.1　基于测量模型路径系数分析

根据测量模型路径系数，商业文化氛围 $WHV2$ 与农村电子商务 $NCEC$ 的标准化路径系数为经文化价值与农村电子商务的标准化路径系数和 $WHV2$ 与文化价值的路径系数乘积。文化价值与农村电子商务路径系数为 0.780，商业文化氛围与文化价值路径系数为 0.836，商业文化氛围与农村电子商务路径系数为 0.652，这说明在其他条件不变时，农村电子商务每提升 1 个单位，商业文化氛围将提升 0.652 个单位。

6.5.2.2　基于调研数据分析

从调研数据看，农户通过参与农村电子商务促进了乡村商业文化氛围，且参与农户认同度存在内部差异性。

农村电商带给农民的丰厚利润，促使其阐述对商业活动的强烈渴望。农村电商带动经济发展，也促进乡村商业文化氛围形成。从总体农户看，48.87%的总体农户认为发展农村电子商务促进乡村商业文化氛围，其中7.83%的总体农户表示非常认同，41.04%的总体农户表示比较认同。从网商农户看，50.95%的网商农户认为发展农村电子商务促进商业文化氛围，其中7.79%的网商农户表示非常认同，43.16%的网商农户表示比较认同。从供应商农户看，46.63%的供应商农户认为发展农村电子商务促进商业文化氛围，其中7.94%的供应商农户表示非常认同，38.69%的供应商农户表示比较认同。从网供商农户看，49.39%的网供商农户认为发展农村电子商务促进商业文化氛围，其中7.41%的网供商农户表示非常认同，41.98%的网供商农户表示比较认同，见表6-32。结果表明，农村电子商务发展有效地推动了乡村商业文化氛围形成，其中，网商农户对发展农村电子商务推动乡村商业文化氛围形成认可度相对较高。即商业的丰厚利润带来了农户对商业活动的强烈渴望、跃跃欲试的投资心理、依赖市场的心理增强、诚实守信的交换价值观。

表6-32 总体农户与不同参与主体农户对商业文化氛围满意度情况

变量名称	总体农户	网商	供应商	网供商
有效样本（个）	1 111	526	504	81
非常认同（%）	7.83	7.79	7.94	7.41
比较认同（%）	41.04	43.16	38.69	41.98
一般（%）	47.70	46.20	49.01	49.38
不同意（%）	3.42	2.85	4.37	1.23
非常不同意（%）	—	—	—	—

数据来源：调查问卷。

6.5.3 促进了城乡文化融合

6.5.3.1 基于测量模型路径系数分析

根据测量模型路径系数，城乡文化融合 WHV3 与农村电子商务 NCEC 的标准化路径系数为文化价值与农村电子商务的标准化路径系数和 WHV3 与文化价值的路径系数乘积。文化价值与农村电子商务路径系数为 0.780，城乡文化融合与文化价值路径系数为 0.751，城乡文化融合与农村电子商务路径系数为 0.586，这说明在其他条件不变时，农村电子商务每提升 1 个单位，城乡文化融合将提升 0.586 个单位。

6.5.3.2 基于调研数据分析

从调研数据看，农户通过参与农村电子商务促进了城乡文化融合，且参与农户认同度存在内部差异性。从总体农户看，43.65％的总体农户认为发展农村电子商务促进了城乡文化融合，其中，10.53％的总体农户表示非常认同，33.12％的总体农户表示比较认同。从网商农户看，44.68％的网商农户认为发展农村电子商务促进了城乡文化融合，其中，12.17％的网商农户表示非常认同，32.51％的网商农户表示比较认同。从供应商农户看，40.87％的供应商农户认为发展农村电子商务促进了城乡文化融合，其中，8.93％的供应商农户表示非常认同，31.94％的供应商农户表示比较认同。从网供商农户看，54.32％的网供商农户认为发展农村电子商务促进了城乡文化融合，其中9.88％的网供商农户表示非常认同，44.44％的网供商农户表示比较认同，见表 6 - 33。以上数据统计显示：农村电子商务发展有效促进了城乡文化融合，这一结论与 Lin Geng 等[132]对广东省淘宝村的研究发现一致，即农村电子商务将网络经济运行带来的异化与地方文化传统实践的阻力融为一体。尤其是网供商农户对发展农村电子商务促进了城乡文化融合认可度相对较高。可能的解释是农村电子商务发展吸引了在外务工人员、在外经商人员、大学生返乡创业，他们势必把城市新理念、新思想、新文化带到乡村，促进城市文化元素与乡村文化元素有机结合。

表 6 - 33　总体农户与不同参与主体农户对城乡文化融合满意度情况

变量名称	总体农户	网商	供应商	网供商
有效样本（个）	1 111	526	504	81
非常认同（％）	10.53	12.17	8.93	9.88
比较认同（％）	33.12	32.51	31.94	44.44
一般（％）	53.65	53.04	55.56	45.68
不同意（％）	2.70	2.28	3.57	—
非常不同意（％）	—	—	—	—

数据来源：调查问卷。

6.6　生态价值贡献

根据测量模型路径系数，STV1、STV2、STV3 等 3 个题项与 STV 路径系数分别为 0.760、0.751、0.897，说明农村电子商务发展对促进生态产业价值贡献最大，其次是环保意识价值贡献，农村电子商务发展对生态产品价值贡献最小。基于调研数据分析，农村电子商务发展生态价值贡献主要涉及促进了环保意识提升、带动了生态产品销售、推动了生态产业发展等。

6.6.1　环保意识提升

6.6.1.1　基于测量模型路径系数分析

根据测量模型路径系数，环保意识 STV1 与农村电子商务 NCEC 的标准化系数为生态价值与农村电子商务的标准化路径系数和 STV1 与生态价值的路径系数乘积。生态价值与农村电子商务路径系数为 0.806，环保意识与生态价值路径系数为 0.760，环保意识与农村电子商务路径系数为 0.613，这说明在其他条件不变时，农村电子商务每提升 1 个单位，环保意识将提升 0.613 个单位。

6.6.1.2　基于调研数据分析

从调研数据看，农户通过参与农村电子商务促进了环保意识提升，且参与农户存在内部差异性。

从总体农户看，63.55% 的总体农户认为发展农村电子商务促进了环保意识提升，其中，10.98% 的总体农户表示非常认同，52.57% 的总体农户表示比较认同。从网商农户看，65.97% 的网商农户认为发展农村电子商务促进了环保意识提升，其中，10.46% 的网商农户表示非常认同，55.51% 的网商农户表示比较认同。从供应商农户看，61.31% 的供应商农户认为发展农村电子商务促进了环保意识提升，其中，11.51% 的供应商农户表示非常认同，49.80% 的供应商农户表示比较认同。从网供商农户看，61.73% 的网供商农户认为发展农村电子商务促进了环保意识提升，其中，11.11% 的网供商农户表示非常认同，50.62% 的网供商农户表示比较认同，见表 6 - 34。数据统计显示，农村电子商务发展有效地促进了农户环保意识提升，其中，网商农户对发展农村电子商务促进了环保意识提升认可度相对较高。调研发现，在农村电商发展过程中，由于使用大量的包装及捆扎材料，会带来新的生态问题。为此，一些电商村开展"绿色电商"宣传、教育、整治工作，以此提高村民环保意识。

表6-34　总体农户与不同参与主体农户对生态意识满意度情况

变量名称	总体农户	网商	供应商	网供商
有效样本（个）	1 111	526	504	81
非常认同（%）	10.98	10.46	11.51	11.11
比较认同（%）	52.57	55.51	49.80	50.62
一般（%）	36.09	33.65	38.49	37.04
不同意（%）	0.36	0.38	0.20	1.23
非常不同意（%）	—	—	—	—

数据来源：调查问卷。

6.6.2　生态产品销售

6.6.2.1　基于测量模型路径系数分析

根据测量模型路径系数，生态产品销售 *STV2* 与农村电子商务 *NCEC* 的标准化系数为生态价值与农村电子商务的标准化路径系数和STV2与生态价值的路径系数乘积。生态价值与农村电子商务路径系数为0.806，生态产品销售与生态价值路径系数为0.751，生态产品销售与农村电子商务路径系数为0.605，这说明在其他条件不变时，农村电子商务每提升1个单位，生态产品销售将提升0.605个单位。

6.6.2.2　基于调研数据分析

从调研数据看，农户通过参与农村电子商务带动了生态产品销售，且参与农户存在内部差异性。农村电子商务发展带动了乡村生态产品销售规模和范围扩大，在网上零售，大多数是环保生态的，有的甚至无污染。从总体农户看，62.47%的总体农户认为发展农村电子商务促进了生态产品销售，其中，10.08%的总体农户表示非常认同，52.39%的总体农户表示比较认同。从网商农户看，65.59%的网商农户认为发展农村电子商务促进了生态产品销售，其中，11.41%的网商农户表示非常认同，54.18%的网商农户表示比较认同。从供应商农户看，59.33%的供应商农户认为发展农村电子商务促进了生态产品销售，其中，9.33%的供应商农户表示非常认同，50.00%的供应商农户表示比较认同。从网供商农户看，61.73%的网供商农户认为发展农村电子商务促进了生态产品销售，其中，6.17%的网供商农户表示非常认同，55.56%的网供商农户表示比较认同，见表 6-35。以上数据统计显示，农村电子商务发展有效地促进了农户生态产品销售规模和范围扩大，这一结论与杨燕[200]的实证结果类似，即对农残要求严格时，农户更倾向于通过电商平台出售农产品，在一定程度上起到拓宽农产品销售渠道的作用。

表 6-35　总体农户与不同参与主体农户对生态产品满意度情况

变量名称	总体农户	网商	供应商	网供商
有效样本（个）	1 111	526	504	81
非常认同（%）	10.08	11.41	9.33	6.17
比较认同（%）	52.39	54.18	50.00	55.56
一般（%）	36.81	33.65	39.88	38.27
不同意（%）	0.72	0.76	0.79	—
非常不同意（%）	—	—	—	—

数据来源：调查问卷。

6.6.3　生态产业发展

6.6.3.1　基于测量模型路径系数分析

根据测量模型路径系数，生态产业发展 STV3 与农村电子商务 NCEC 的标准化系数为生态价值与农村电子商务的标准化路径系数和 STV3 与生态价值的路径系数乘积。生态价值与农村电子商务路径系数为 0.806，生态产业发展与生态价值路径系数为 0.897，生态产业发展与农村电子商务路径系数为 0.723，这说明在其他条件不变时，农村电子商务每提升 1 个单位，生态产业发展将提升 0.723 个单位。

6.6.3.2　基于调研数据分析

从调研数据看，农户通过参与农村电子商务推动了生态产业发展，且参与农户存在内部差异性。从总体农户看，69.04%的总体农户认为发展农村电子商务促进了生态产业发展，其中，14.49%的总体农户表示非常认同，54.55%的总体农户表示比较认同。从网商农户看，70.91%的网商农户认为发展农村电子商务促进了生态产业发展，其中，15.59%的网商农户表示非常认同，55.32%的网商农户表示比较认同。从供应商农户看，66.07%的供应商农户认为发展农村电子商务促进了生态产业发展，其中，13.49%

的供应商农户表示非常认同，52.58％的供应商农户表示比较认同。从网供
商农户看，75.31％的网供商农户认为发展农村电子商务促进了生态产业发
展，其中，13.58％的网供商农户表示非常认同，61.73％的网供商农户表
示比较认同，见表6-36。数据统计显示，农村电子商务发展有效地促进了
生态产业发展，其中，网供商农户对发展农村电子商务促进了生态产业发展
认可度相对较高。电子商务促进了生态农业、生态工业以及服务业发展，为
生态农业拓宽了产品销售渠道，提高了产品附加值；也促进了生态工业产品和
产业升级，实现了绿色和可持续发展；实现了电子商务与生态旅游的有机融
合，进一步释放了生态价值。

表6-36　总体农户与不同参与主体农户对生态产业满意度情况

变量名称	总体农户	网商	供应商	网供商
有效样本（个）	1 111	526	504	81
非常认同（％）	14.49	15.59	13.49	13.58
比较认同（％）	54.55	55.32	52.58	61.73
一般（％）	30.15	28.14	33.13	24.69
不同意（％）	0.54	0.57	0.60	—
非常不同意（％）	0.27	0.38	0.20	—

数据来源：调查问卷。

6.7　本章小结

在对第5章基于农户视角的浙江省农村电子商务发展价值贡献模型构建与
检验基础上，本章根据第5章的结构方程模型路径分析测量模型路径系数并结
合调研数据就基于农户视角的浙江省农村电子商务发展的价值贡献进行实证分
析，研究结果显示：浙江省农村发展电子商务带来乡村经济、社会、文化、
生态等方面价值贡献。①根据结构方程模型路径分析测量模型路径系数，路
径系数表明4维度20题项的价值凸显。②农村电子商务发展最主要贡献是
经济价值，主要涉及促进农民家庭增收、促进了生产方式改变、促进农户产
品销量增加、提升产品质量品牌、生产效率明显提升、促进了农户产业技术
服务与培训、促进了产品销售成本降低等。③农村电子商务发展的社会价值
贡献主要涉及农村基础设施更加完善、促进农民生活方式改变、提升家庭社

会地位、对农民创业就业贡献、促进农户网络购物增加、农民综合素质的提高、农民交流方式改变等。④农村电子商务发展的文化价值贡献主要是促进了乡风文明建设、推动了乡村商业文化氛围形成、促进了城乡文化融合。⑤农村电子商务发展生态价值贡献主要是促进了农户环保意识提升、生态产品销售、生态产业发展。

第7章 基于农户视角的浙江省农村电子商务发展的价值贡献的典型案例分析

本章是在第6章基于农户视角的浙江省农村电子商务发展的价值贡献实证分析基础上，选取典型案例，进一步深入研究农村电子商务发展对农户的价值贡献。因此，本章在结构上做以下安排：首先要理清典型案例区农村电子商务形成机理；在此基础上，采用定性分析对案例区农村电子商务价值贡献进行研究，以弥补第5章、第6章定量研究的不足，这是本章要达到的目标。为了达到这一目标，本章首先要解决两个问题，一是要解决典型案例区农村电子商务形成机理分析框架问题；二是要解决典型案例区农村电子商务发展对农户价值贡献分析框架问题。就第一个问题，本章主要根据第4章的农村电子商务发展理论分析框架，结合案例区实际情况，并借鉴迈克尔·波特的钻石模型结构，限于本章研究涉及的范围，将案例区农村电子商务发展的理论分析框架进行了简化，得到典型案例区农村电子商务发展的影响因素分析框架。就第二个问题，本章根据第5章浙江省农村电子商务发展的价值贡献模型对典型案例区农村电子商务发展的价值贡献进行深入探讨和分析。资料来源具体包括对收集的二手典型案例区农村电子商务发展的相关文字资料进行归纳提炼，形成案例区农村电子商务形成机理；对被访谈者口语资料根据主题与内容的关联性进行概念化、范畴化，形成案例区农村电子商务发展对农户的经济、社会、文化、生态等价值贡献。

7.1 典型案例区选择及调查方案设计

7.1.1 典型案例区选择

浙江省遂昌县顺应生态文明兴起、消费转型升级和信息化革命的重大机遇，依托良好的生态环境、传统的农耕文化和开放的社会环境，发挥天时、地利、人和优势，创造了县域农村电子商务发展的"遂昌模式"，先后获得最佳网商城镇奖、全省首批电子商务示范县、中国电子商务发展百佳县等荣誉，被全国媒体誉为"淘宝县"，基本形成了以赶街、企协网、嘉言民生"三驾马车"并驾齐驱的电商化格局，农村电子商务成为驱动县域经济转型升级和助推山区科学发展的重要力量。在农村电子商务发展上，遂昌县可谓起步早、经验足、效果明显。其实，遂昌县农村电商的发展也是扎根当地农业发展基础和电商培育的氛围。当然，这其中既得益于长三角地区总体经济活力较强的溢出效应，更多的是当地政府的积极引导和农民强烈的致富愿望所致。

遂昌县位于浙江省西南部，当地地形地貌上的山区特征特别典型，因此土地资源少且空间分布散乱。2013 年以前，遂昌农村经济发展缓慢，农村居民收入水平偏低，低收入人口比例较高。比如：2010 年，农村居民人均纯收入 6 659 元，相当于全省 11 303 元农民人均纯收入的 58.9%，与全省平均水平相比，仍有很大差距。农村低收入人口比例较高，2013 年，经县政府认定全县农村仍有 23 220 户为低收入农户和 56 718 人为低收入农民，分别占全县总户数和农村总人口的 27.5%、29.1%。① 可以看出，2013 年以前，遂昌的农民增收在市场化和城镇化进程中，依然是个亟待解决的问题。

乡村经济发展的相对滞后造成村庄的各种资源外流，让遂昌的乡村像其他相对后发的乡村一样，出现共同体散化的问题。原遂昌副县长 ZWM 说："在政府部门没有重视发展农村电商以前，遂昌乡村产业发展落后，乡村社会原子化、分散化比较普遍，中小农户剩余农产品滞销，农民增收渠道狭窄，收入水平、生活质量提高缓慢，乡村凝聚力不强。"

然而，当地山区这种独特的自然环境和优良的空气、水质和土壤条件能培育出优质的农特产品。从农产品的品类上看，遂昌的菊米、笋干、番薯干、长粽极具地方特色。特有的自然禀赋、由遂昌网店协会和赶街公司所组成的农村电商综合服务商、优良宽松的电子商务软硬件环境，是遂昌电子商务发展的关键因素。在此基础上最终形成了以赶街农村电商网络平台为主要服务载体的县域农村电商发展的"遂昌模式"，如图 7-1 所示。经过多年发展，遂昌农村电商在网络销售、网店发展、服务站点建设、创业创新等方面取得良好效果。2018 年，遂昌农村电商网上销售额达 255 115 万元，同比增 26.70%，其中农特产品网上销售额为 168 982 万元，同比增长 24.95%，农特产品网上销售所

---

① 数据来源：由遂昌县人民政府网站公布的规划、文件、各类分析报告整理得来。

占总额比例为 66.24%；从事农村电商企业及网店数达 2 099 家，其中农特产品销售企业数 1 587 家；已建成农村淘宝、京东帮、家家店、村邮站、淘实惠等各类农村电商服务站点 345 个，其中赶街网点数 258 个，电子商务服务网点实现农村区域全覆盖；实现创业人数达 2 582 人，新增创业人数达 208 人，从业人数达 5 466 人，新增从业人员达 515 人。[①] 与此同时，遂昌农村居民收入增幅持续走高。2017 年和 2018 年，遂昌农村常住居民人均可支配收入分别为 17 100 元、18 811 元，连续两年增长均为 10.0%，其中，2017 年，增幅高于全国和全省、全市平均水平，全县低收入农户人均可支配收入增长 16.1%。在赶街农村电商网络平台推动下，遂昌乡村经济得到较快增长。2017 年，遂昌举办"大过中国节·端午遂昌行"活动，端午期间全网络销售遂昌长粽 20 多万根，创收 200 多万元。[②]

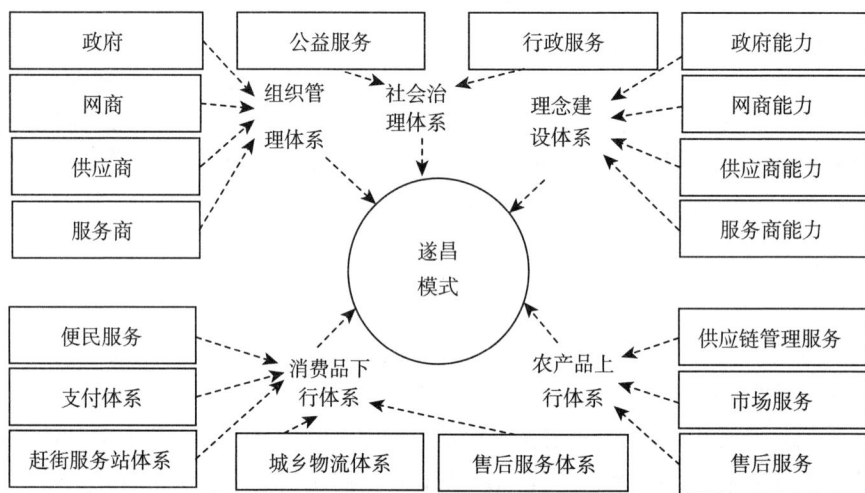

图 7-1 "遂昌模式"框架体系

基于上述综合分析，本章将选择遂昌县作为典型案例区，在理论分析的基础上，结合访谈资料，站在农户的视角，全面揭示县域农村电子商务发展影响因素、形成机理及其价值贡献，有助于增进对该新兴现象的认知，并为中国其他地区的电商化发展提供重要的经验参考和政策启示。

---

① 数据来源：中共丽水团市委提供的《2017、2018 年丽水市农村电子商务建设月报表》。
② 数据来源：《2017 年、2018 年遂昌县国民经济和社会发展统计公报》。

7.1.2　调查方案设计

7.1.2.1　调查目的及意义

第一，了解案例区农村电子商务发展的基本情况，分析其现状。

第二，了解案例区农村电子商务发展的影响因素，分析其形成机理机制。

第三，了解调查案例区农村电子商务发展带给农户生产、生活诸多方面变化情况，分析案例区农村电子商务发展的价值贡献。

7.1.2.2　调查内容

第一，调查案例区农村电子商务发展的基本情况。

第二，调查案例区农村电子商务发展的影响因素。包括发展农村电商的资源要素供给情况、产业支撑情况、政府和电商企业行为情况。

第三，调查案例区农村电子商务发展带给农户生产、生活等诸多方面变化情况。

7.1.2.3　实地调查法

在 2017 年 8 月至 2019 年 9 月期间，多次进入遂昌县进行实地调查获取一手和二手资料。采用人类学的参与观察法、深度访谈法以及座谈会等方式，向遂昌县的网商农户、供应商农户、网供商农户、村级合伙人、村干部、电商协会、赶街公司管理者、乡镇农村电商负责人等群体进行深度访谈，访谈需记录并进行文本分析，在本章中，访谈主要用作例证性引文的来源。通过走访电商协会、赶街公司管理者、乡镇农村电商负责人、村干部，收集遂昌农村电子商务发展的相关文字资料。

7.1.2.4　资料处理

首先，对走访电商协会、赶街公司管理者、乡镇农村电商负责人、村干部，收集遂昌农村电子商务发展的相关文字资料进行归纳提炼，形成案例区农村电子商务影响因素及形成机理。其次，采用内容分析法来分析访谈资料，将被访谈者口语资料根据主题与内容的关联性进行概念化、范畴化，形成案例区农村电子商务发展商务价值贡献，下面主要就此部分访谈资料进行"概念化、范畴化"操作。

7.1.2.5　访谈资料的"概念化、范畴化"

对访谈资料逐字逐句地分析，提取访谈资料的重要内容和参与观察收集村民互动的帖子、评论，实现资料的"概念化"，并将同一范畴的概念归为一类，实现"范畴化"，见表 7 - 1。

表 7 - 1　价值贡献的农户访谈资料的"概念化、范畴化"

访谈资料（部分引证）	概念化	范畴化
"从 2018 年开始，公司派专人负责发展县域内乡镇合伙人，乡镇合伙人负责发展镇域内村级合伙人，村级合伙人负责接本村村民。村级合伙人主要负责村货信息集报（收集和报告），当然，如果农民手中有村货，（农民）也可以把（村货）信息上报给乡镇合伙人或我们（赶街公司运营人员）。"（赶街公司运营部经理 LY） "2016 年加入赶街，成为乡镇合伙人，主要负责发展村级合伙人，村货收集，发到网上"（乡镇合伙人 ZZB） "我是村级合伙人，主要负责本村村民家中土特产收购，比如：土鸡、土鸡蛋、山货等"（村级合伙人 YJX） "家里有多余产品，通过微信告诉他们（指：村级合伙人），他们会上门收购，或者拿到村里赶街服务站点去"（村民 LLF）	成员构成和村货信息集报组织架构	
"2016 年 5 月我带领村里 41 位老农决定以每亩 660 元承包价从村民手里流转了 260 亩梯田（大部分为荒了 20 年的山坳田），种植高山水稻。当年，在副县长的帮助下，以'爸爸带你割稻子''高山稻米体验师'两个众筹项目在赶街农村电子商务网络平台销售，2 万多斤生态大米销售一空，筹集资金共 25.6 万元，还成立专业合作社。到了年底，41 位老农每人领到近万元的'梯田工资'，有的收入比往年翻了 3 倍多。"（高坪乡茶树坪村书记 HJF） "2017 年 12 月，由金竹镇党委、赶街公司和赶街乡镇合伙人三方共同发起的'金色扶贫，助农增收——金竹山茶油'众筹活动，通过赶街农村电子商务网络平台发布，众筹金额 5.2 万元。"（乡镇合伙人 ZZB）	网络众筹强化乡村经济秩序	经济价值
"2013 年赶街公司开始挖掘当地特色产品，通过走访各村落挖掘传统包粽手艺能人，将传统民俗手艺遂昌长粽商品化，并通过赶街农村电商网络平台开始推广遂昌长粽品牌。2017 年，经遂昌政府、赶街公司、自然造物公司等多方沟通交流，在端午期间举行了'大过中国节'的系列活动，将遂昌元素与互联网元素相结合，从长粽标准的制定到'包粽能手'标准培训，再通过赶街农村电商网络平台推广，因造型独特、口感好，成为网络热销商品。2018 年，据不完全数据统计，全县售出 80 余万根，全渠道销售龙粽 3 万根，小长粽 20 余万根，仅包粽一项带动'包粽能手'增收 2 400 万，每人增收约 6 000 余元。"（赶街总经理 PJY）	网络平台助推乡村产业发展	
"2015 年以前，我在杭州、上海等地打工，由于没有技术，一年到头也挣不了几个钱。2016 年春节期间，听说赶街公司在招募乡镇合伙人，就这样加入了赶街。2018 年收入达到 20 多万元。"（乡镇合伙人 WJJ） "老公在杭州打工，婆婆有病，需要人照顾，2017 年加入赶街，平时在赶街网上卖卖村货，增加了收入。"（村级合伙人 WLM） "在村里开超市有十多年了，2016 年赶街网找到我这里，让我加入，还给我配了电脑，一年仅在网上卖村货能有一万多（元）收入"（村级合伙人 LHA）	成员利益与身份地位转变	社会价值

（续）

访谈资料（部分引证）	概念化	范畴化
"我们村里的'高山梯田'美景和'万亩杜鹃长廊'照片通过赶街农村电子商务网络平台旅游板块呈现快速扩散，茶树坪村逐渐成为区域'网红'乡村。自从网络众筹高山稻米以后，来我们村里看梯田的人多起来了，村里有一些在外打工的年轻人也回来了，他们（年轻人）主要开农家乐。同时又能照顾家中老人，特别是小孩教育。"（高坪乡茶树坪村书记 HJF） "2008 年以前，村里年轻人都走了，留下来的都是 60 岁以上的老人，好多梯田都撂荒了。"（高坪乡茶树坪村村委员 HBR） "我是嘉兴人，通过网上（指：赶街网）看到这里（茶树坪村）景色很美，2016 年，租了一户民房开了农家乐。本地村民对我很好，经常把多余游客介绍给我。"（外来创业者 ZD） "原来在金华打工，挣不了几个钱，后来村子知名度高了（指：'网红'），来我们村里避暑度假的人多了，老公在家开农家乐，我在村头摆摊，卖土特产，一年收入十几万是有的，又能照顾小孩上学。"（村民 ZCM）	村民返乡创业及吸引外来人员创业	社会价值
"遂昌'东方长粽'是传统文化元素与互联网元素有机碰撞产物，它所承载的文化和情感引发消费者共鸣。对于消费者来说，这是一份最能体现中国端午文化的节日礼物。"（农户 LY） "端午节吃粽子，这是中国的传统。在不同地域也有不同包法和形态，但粽子所代表的传统文化精髓是一致的。而遂昌长粽有其独特文化寓意和内涵，其长度代表对亲友心意的程度，也凝聚着对亲情的表达，'粽越长，情越深'。另外，由于遂昌长粽个头长，适合多人分享，也被称为'分享粽'。"（农户 LY） "遂昌车前人将传统文化的长粽一直保留至今。农村电商让这根长粽开始'走'出车前，让人们分享着这一乡土文化和情愫。"同时，"车前村有 160 多幢黄泥老屋，经过简单改造，发展农家乐，通过电商打造乡愁品牌，既带来了乡村旅游发展，又实现传统文化传承。"（车前村党支部书记 FJW）	推动传统文化复兴	
"当有贫困户农产品滞销信息发到网上，会有人号召大家积极转发，也会有人在网上介绍农户家庭及产品情况，其他人也会转发、购买、跟帖等，大家会形成共鸣。"（乡镇合伙人 ZZB） "每天，我都期待着有什么农产品信息出现，会对农产品进行评论、点赞，看到好的农产品也会转发。"（村民 LXF） "这个桃子很好吃，预售哦，明天配送""不知道还能不能抢到""哈哈，很快的（指：桃子很快卖完了）""这个产品不错，去年我买过""稀缺""这位好朋友还是很识货的（指：桃子品质好）"（网络平台呈现的话语）	线上交流话语情景	文化价值
"发展农村电商，重要的是农产品要有特色，走差异化道路，避免同质化"（乡镇合伙人 ZJZ） "乡村振兴，重要的是产业振兴，发展乡村产业，要借助'互联网＋'力量，让乡村产业插上腾飞的翅膀。"（乡镇合伙人 HYZ） "制约乡村发展最大的痛点是人才缺失，村级组织缺乏年轻人，缺乏年轻的活力。希望各村把年轻的活力提升上来，也希望年轻人把农村电商和农村发展结合起来。"（新路湾镇党委书记 YJM）	线下交流话语情景	

（续）

访谈资料（部分引证）	概念化	范畴化
"我们这儿（生态环境）好，（高山）水田种的稻谷是没有农药的，大家都知道（保护环境），要是用了那些东西（指：农药、化肥等），人家（赶街公司）是不会收（购）的，就是因为好（指：稻谷品质好），才卖得高（指：稻谷价格高），生态意识他们看重的就是这里的环境好，种出的稻米好。种这些田的都是年纪比较大的人，沿用比较传统（种植）方式。"（村民 LHY）	生态意识	
"赶街村货网络销售平台所呈现的基本上是生态农产品，消费群体来源是城市端绿色消费者。"（农户 WXK）	生态价值	
"赶街对提供的产品都有严格要求，从农产品生产源头上进行品控。我们村靠近遂昌南尖岩风景区，海拔八九百米，昼夜温差大，生产出的产品质量好。目前家庭农场面积有 263 亩，主要生产茶叶、板栗、香妃，并被授予绿色标准化生产基地。"（赶街合伙人 WLJ）	生态产品、产业	
"这里海拔高，农户主要种植高山蔬菜（四季豆、辣椒）。"（赶街合伙人 LGL）		

7.2　案例区农村电子商务发展的影响因素分析

7.2.1　分析框架构建

根据第 4 章的农村电子商务发展理论分析框架，结合案例区实际情况，并借鉴迈克尔·波特的钻石模型结构，限于本章研究涉及的范围，将案例区农村电子商务发展的理论分析框架进行了简化，得到遂昌县域农村电子商务发展的影响因素分析框架，如图 7-2 所示。遂昌县农村电子商务发展离不开基本要素、行业要素、组织要素等资源要素的有效供给，农产品销售、农户生活、农村剩余劳动力转移等需求驱动，农业、农产品加工业、乡村旅游业以及围绕农村电子商务而日益成熟的相关配套服务业等产业支撑，政府和电商企业的战略推动。

7.2.2　要素集聚

遂昌发展农村电子商务离不开资源要素的有效供给，其资源要素可以分为基本要素、行业要素、组织要素。其中，基本要素主要涉及土地、劳动、资本等，行业要素包括网络平台、电商人才、农村电商服务网点，组织要素包括网店协会、涉农组织等。在遂昌农村电子商务发展过程中，一方面不断优化基本要素供给，另一方面加快行业要素、组织要素集聚。

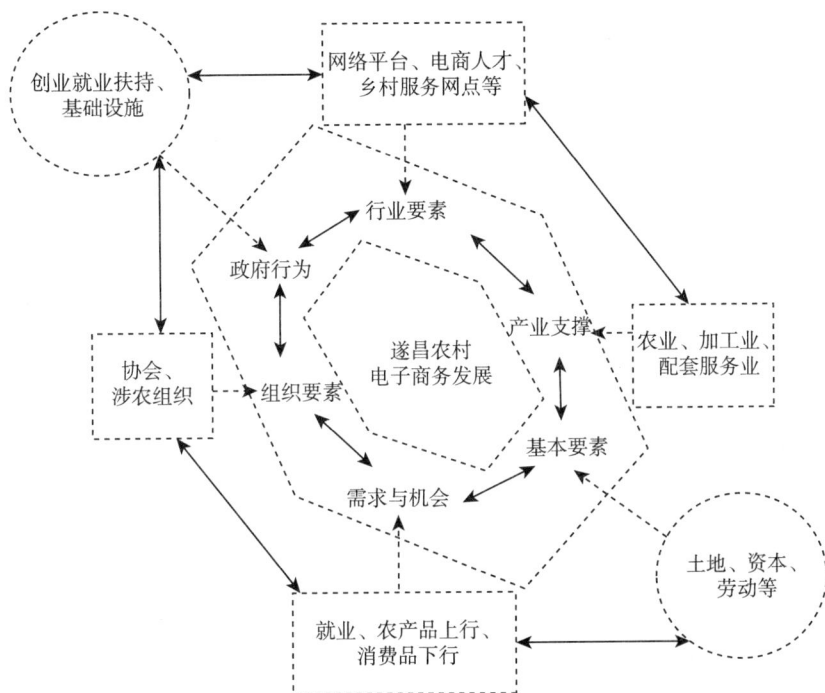

图 7-2　遂昌县域农村电子商务发展的影响因素分析框架

7.2.2.1　基本要素向农村电子商务集聚

从人类经济活动逻辑过程来看，主要包括生产、分配、交换、消费四个环节，而农村电子商务主要在交换这个环节发挥作用，与传统产业生产基本要素显然有根本区别，主要涉及资本，而对土地、劳动要素需求不大。就遂昌农村电子商务发展的基本要素来说也是一样，主要是加快资本要素向农村电子商务集聚，才能促进其在农户之间快速集聚。2009 年遂昌县人民政府出台了《遂昌县促进服务业发展、加快经济转型升级的若干政策》文件，这一政策虽然没有直接针对农村电子商务，但间接地对农户从事电子商务活动给予资金资助、税收减免、贷款等方面一定优惠。2014 年遂昌县政府出台了《遂昌县加快农村电子商务发展实施意见》和编制了《遂昌电子商务发展战略规划 2014—2020 年》等文件和规划文本，这些针对性政策主要在农村电子商务公共服务平台、网商农户、农村电子商务示范乡镇、农村电子商务服务站等方面给予财政、金融、税费扶持。在土地要素方面，主要对销售遂昌本地农特产品、旅游产品的电商企业给予适度倾斜。一系列政策措施保障了农村电子商务发展过程中的资本、土地等方面的基本要素供给，从而推动越来越多的农户从事电子商务活动。

7.2.2.2 行业要素向农村电子商务集聚

首先，网络平台要素向农村电子商务集聚，切实解决农户交易难问题。遂昌县通过合作、引进、自建等多种方式集聚了众多网络服务平台，实现在农业、服务业、社会治理等领域电商化过程。2012年，遂昌县人民政府与阿里巴巴集团淘宝网签订了《战略合作协议》，搭建了全国首个县级馆"特色中国-遂昌馆"，该馆的建立为遂昌开启了政府购买服务、政企合作的农村电子商务发展新模式。2012年，遂昌引入"嘉言民生"项目，"嘉言民生"的服务包括138项与农户生产生活密切相关的行政服务，通过政企社共建模式，搭建服务于当地经济发展的电子商务公共平台，成为推动农村社会治理创新的有效手段，切实解决服务农户"最后一公里"问题。2013年遂昌县政府相继出台了《关于建立遂昌县"政企共建"村级便民服务中心联席会议制度的通知》等文件，为进一步推动该项目实施提供了重要保障。2014年，通过浙江遂网电子商务有限公司实施的"赶街"项目，搭建了农村电子商务网上交易平台"赶街网"，实现农村线上交易，从而有效解决在县域农村电子商务发展中遇到的乡村物流、平台等综合困境。

其次，通过对农户的培训加快农村电子商务人才集聚。农村电子商务发展需要大量的专业技术人才。为此，政府采取一系列措施解决农村电子商务发展人才紧缺瓶颈。一方面，自2016年通过成立"遂昌县农村电子商务学院""遂昌赶街职业技能培训学校""丽水市农村电子商务学院遂昌分院""赶街公司与商务部国际贸易经济合作研究院联合人才培训基地"等培训体系平台以来，培养一批又一批本土化专业的电商农户，为有效推进农村电子商务发展提供重要人才支撑。另一方面，出台了《遂昌县"农村电子商务人才培养计划"实施办法》《支持大学生村官开展电商服务》《"赶街师傅"选拔管理办法》《"遂昌赶街新农人"选拔管理办法》《遂昌县本土特色人才等级认证及培养管理办法》等文件，这些政策措施的实施，加快了人才要素向农村电子商务集聚。

再次，服务网点向农村电子商务集聚，为农户提供政务服务与公益服务。为开展信息化进村及发展乡村物流，遂昌县政府采取了一系列措施。一是通过购买服务方式，2016年遂昌县农业局与浙江赶街电子商务有限公司签订《信息进村入户服务协议》，建立覆盖县域村级信息服务站170个。二是通过专项资金扶持，建设农产品仓储冷链物流体系，进一步完善遂昌县农村电子商务公

共服务平台。三是通过电子商务进万村工程，在全县建立村级服务网点 260
个，电子商务服务网点行政村覆盖率达到 100%。四是遂昌通过信息化带动现
代乡村物流体系发展，建立遍布乡村的"赶街"服务网点。农村服务网点的建
立，加快了基础设施向农村电子商务集聚的同时，也为农户提供诸多政务服务
与公益服务。

7.2.2.3　组织要素向农村电子商务集聚

在政策和市场双重驱动下，各类网商农户、供应商农户、网供商农户以及
从事物流、快递等第三方服务农户逐步参加遂昌网店协会，成为遂昌发展农村
电子商务重要参与主体。截止到 2017 年，农产品生产基地、家庭农场、专业
合作组织、涉农企业等各类涉农组织 100 多家成为遂昌网店协会会员。农户既
可以通过协会交流平台获取市场需求信息以创新经营理念，又可以通过定期专
业培训获取组织管理知识以整合资源。一是网商农户通过网店协会不断提高互
联网的利用水平，在互助中不断提高自身组织化程度。遂昌网店协会一项重要
的服务就是专业培训，其内部已经建成较为完善的农村电子商务推广教育培训
体系。二是供应商农户通过网店协会实现了农产品供给过程管理。供应商农户
通过参加网店协会，能够创新经营理念。供应商农户的生产活动必须建立在对
消费者的需求基础上，依据市场需求安排生产，实现各种要素最优。三是实现
网商农户、供应商农户、服务商"信息共享、资源互补"。通过定期举办网商
农户交流活动，实现会员之间在经营策略、市场需求、服务水平等方面信息共
享，使得各会员更加广泛而深入地掌握消费者动态需求。

7.2.3　需求拉动

在山区农村，因为受到交通物流以及信息渠道的限制，农民购买商品、销
售农产品、获取公共服务的渠道单一、狭窄，农民生活品质提升受到影响。因
此，需求也是驱动农村电子商务发展的重要因素。具体而言，需求主要包括农
产品销售需求、农户生活需求、剩余劳动力转移需求等。

7.2.3.1　农户销售农产品需求

一方面，随着人们对健康的关注，对生态、绿色的农产品需求逐渐扩大。
另一方面，农村地区拥有大量的优质农产品，由于传统市场无法实现消费者与
农产品销售者有效对接，而发展农村电子商务可以解决这一困境。通过自建赶
街网农村特卖平台，引入国宏商城，并整合淘宝、天猫等知名电商平台，为农
民销售农产品打开通道。其中，通过赶街网农村特卖平台实现农产品线上销

售,而线上销售通过分销方式给各个网店及通过移动 APP 销售。2016 年"赶街"网络平台实现农产品网络销售 11.29 亿元。农产品网络销售平台的建立既解决了人们对优质农产品的需求,又解决了农产品上行问题。

7.2.3.2 农户生活需求

由于农村分散的生活居住环境,没有上规模的、规范的购物场所,使得农户购买日常生活用品非常不便,而虚拟市场恰好可以弥补这一不足,能满足农户选购日常生活用品的需求。通过赶街项目建立了包括覆盖县域乡村赶街服务站网点、城乡物流、网上支付、售后服务、便民服务等较为完善的消费品下行体系。为农户购买消费品、工业品提供线上交易平台,线下进村入户的配送、售后等便民服务,有效地解决了农村居民"购买难""服务难"问题,提高了农村居民生活质量。

7.2.3.3 剩余劳动力转移需求

农村有大量剩余劳动力需要转移,农村失业青年、未就业大学生、回乡农民工需要创业就业,当地合伙人、传统供应商需要转型。为此遂昌县政府通过购买电商平台公共服务培训当地电商人才,让农民、失业青年、未就业大学生、传统供应商能精通电商知识,实现当地合伙人转型、村店增收、网点提升顾客黏度、提供农户回乡创业就业机会及联合商家下沉渠道。截至 2016 年,累计开展 81 期各层次培训,共计培训电子商务人才 4 544 人次,实现创业人数达 2 100 多人,从业人员达 3 649 人,有效地缓解了农村剩余劳动力转移需求。这既是政府政策推力的作用,也是电商带给农民的经济效益吸引力作用。

7.2.4 相关产业支撑

县域农村电子商务发展也需要相关产业支撑才能推动。经过多年努力,遂昌依靠地方特色农业和丰富的旅游资源,发展农产品加工业、乡村旅游业以及围绕农村电子商务而日益成熟的相关配套服务业,为农村电子商务有序推进提供强大产业支撑。

7.2.4.1 地方特色农业

遂昌县位于浙江省西南部,依靠自身独特的地形、土壤、气候等条件形成了茶叶、竹业、生态蔬菜、生态畜牧业、杂交水稻制种、中药材、油茶、食用菌、甘薯等地方特色农业,优质特色农产品逐渐向农村电子商务集聚,为发展农村电子商务提供了不竭的农产品货源,农业资源优势是遂昌发展农村电子商务一个不可或缺的条件,为农村电子商务发展奠定了厚实基础。

7.2.4.2　农产品加工业

在政策与市场环境的推动下，遂昌农产品加工业得到了较好的发展，已逐渐形成诸如龙谷丽人茶、遂昌竹炭系列产品、"桃源尖"高山蔬菜、"黄沙腰"烤薯、七山头土猪、北界红提、金竹山茶油、湖山有机鱼、黄泥岭土鸡等一批地方特色农产品品牌，为发展农村电子商务提供丰富的农产品货源。为了解决农产品分散经营弊端，遂网电子商务有限公司和遂昌县质量技术协会联合制定了《生态农产品电子商务品质控制标准》，选择"三品一标"基地产品（即有机食品、绿色食品、无公害农产品、地理标志保护产品）和经认定的原生态农产品基地的产品作为网销产品。到2017年为止，遂昌制定了80多个农产品单品品控标准，从而推动遂昌农产品标准化生产加工。

7.2.4.3　乡村旅游业

遂昌拥有国家级自然保护区、森林公园、矿山公园各1处，国家AAAA级景区4处，省级红色旅游经典景区1处，全县有农家乐休闲旅游村（点）78个，农家乐经营户493户，从业人员8 600余人，众多景区、农家乐、旅游从业者为发展乡村旅游业提供了丰富的资源，"互联网＋乡村旅游"蓬勃发展。

7.2.4.4　配套服务业

农村电子商务发展不仅涉及网络平台搭建，而且相关配套服务完善程度是其得以顺利实现的关键。第一，遂昌通过"赶街"项目，建立农产品供应链管理服务体系、市场服务体系，其中供应链管理服务体系涉及农产品标准化制定、溯源、检测、保鲜、冷链、品控、售后等服务，市场服务涉及图片摄影视频、新媒体传播、公关活动、包装设计，有效地解决了网上销售的农产品质量和相关服务。第二，通过政策引导，加快快递物流企业入驻。目前，遂昌拥有各类物流、快递企业28家，其中，引进物流、快递企业分别为16家和11家，自建本地物流配送企业1家。

7.2.5　战略推动

从遂昌县农村电子商务发展的参与主体来看，主要包括政府、企业、农户，作为拥有极少资源的弱势群体的农户无力推动农村电子商务在区域范围内快速扩散，而真正实现这一目标，主要依靠政府和企业的战略推动。

7.2.5.1　政府战略

首先，电商化战略。遂昌农村电子商务发展过程也是政府实施电商化战略过程。通过引入与自建农村电子商务网络平台，加快产业融合、推动农村电子商务应用体系，形成农旅电融合化、农村电商全业化发展格局。一是农旅电融合化。随着农村电子商务深入推进，电子商务向农业、旅游业渗透过程，也是农旅电融合过程。以电子商务网络平台为载体，通过特色农产品展示、乡村旅游体验以及竹炭系列商品销售，将地方特色农业、乡村旅游业等相关产业有机融合。二是农村电商全业化。经过多年努力，遂昌基本形成了以赶街、企协网、嘉言民生为主，淘实惠、家家店、京东帮、农村淘宝等为辅的农村电商化格局，在农业领域、乡村工业领域、乡村服务业领域、乡村社会治理领域实现了农村电商产业的全业化。

其次，创业创新战略。从遂昌农村电子商务发展来看，其形成过程就是大众创业创新过程，在这一过程中政府扮演了重要角色。2011 年遂昌政府出台了《遂昌县促进全民创业实施意见》鼓励各类创业人员利用网络平台开展创业，拓展农户创业渠道和空间，并给予财政、税收、融资等方面扶持。2016年《遂昌县支持大众创业促进就业政策实施细则》支持农村电子商务创业，对从事农产品网络销售、农民网络消费服务的县级电子商务企业以及村级电子商务服务站给予创业社保补贴。通过一系列政策引导，形成创业创新氛围。一是推动农村青年创业。在"大众创业、万众创新"的大背景下，网络创业成为很多在外打工或是赋闲在家的农村青年创业就业的首要选择，因为电子商务发展而带动的物流、仓储、第三方服务就业岗位在近几年也呈现快速增长态势。二是工商资本推动。通过政策推动工商资本向电子商务行业流动，开展同阿里、嘉言民生等知名企业合作，利用其资源和渠道优势，加速农村电子商务发展资本集聚。三是社会组织联动。通过遂昌网店协会在网商农户、供应商农户、服务商之间架起沟通桥梁，实现全县网商农户集群式发展。

7.2.5.2　企业战略

遂网公司自 2010 年成立以来，始终坚持农村电子商务发展战略布局。2014 年遂网公司成立了"浙江赶街电子商务有限公司"，通过布局线下"赶街"村级服务站，线上统一交易平台，建立县域公共服务中心和物流配送体系，构建集代买、代卖、本地便民服务等多功能于一体的农村电商 O2O 服务模式。此后，遂昌网店协会加强同阿里巴巴支付宝新农村业务部进行战略合作，共同完善推出建设运营中心、网站服务平台、支付宝电子金融平台、物流中心、青年创业中心、淘宝遂昌馆六大体系，组成赶街县域服务中心，为各乡镇赶街网点所有的服务业务体系提供后台支持。2016 年赶街公司建设"赶街乡镇中心"，使农产品卖出和消费品买进融为一体，实现农产品信息收集、乡镇电商扶贫、县乡村物流中转和消费品 O2O 体验，探索乡镇电商发展新路径。为了解决公司业务拓展资金困境，2017 年遂网公司同阿里巴巴合作，阿里占有 20% 股份，为公司进一步拓展农村电子商务业务提供了强大的资金需求。同年，公司又做出战略规划，将赶街 2.0 版升级为 3.0 新版，在金融、旅游、民宿等方面利用互联网进行新的探索，全面为农村、农民提供各项服务，将赶街打造成中国农村电子商务第一服务平台。

7.3　案例区农村电子商务发展形成机制

7.3.1　要素结构不断优化整合推动

农村电子商务发展不仅是各种要素集约化程度不断提高的过程，也是各要素集聚于农村电子商务发展的过程。农村电子商务发展阶段可以划分为萌芽阶段、成长阶段和成熟阶段，他们之间表现出的要素特征也明显不同。2005—2010 年，遂昌农村电子商务处于萌芽阶段，从 2005 年有农户在网上开店销售当地土特产品到 2010 年全县网商农户不足 100 家。此阶段表现为在市场作用下，少量网商农户在淘宝开店销售地方特色农产品，基本要素、行业要素、组织要素非常少。2010—2014 年遂昌农村电商进入成长阶段，其呈现出的特征主要表现为，农村电子商务发展的要素结构开始发生变化，要素数量急剧增加，要素质量不断提升。更多农民通过网店协会培训转向农村电子商务行业成为网商、供应商。以自建的赶街网、企协网和以引进的淘实惠、农村淘宝、国宏商城等行业要素渗透性越加深入，各种涉农组织纷纷加入遂昌网店协会，从事电子商务活动的农户从各种组织中获取收益越来越多，组织要素逐步增加。2014 年以来，随着遂昌农村电子商务拥有的要素增多、各要素之间融合不断深入，相互之间组合逐步优化，成长阶段也发展成为可复制的成熟阶段，基本要素、行业要素和组织要素在数量上、质量上达到最优，遂昌农村电子商务对农户发挥的作用越来越强。

7.3.2　政府通过政策引导

加快各要素资源向农村电子商务集聚，又加速县域农村电子商务形成。具体表现就是推动资金、土地、电商人才、乡村服务网点、网络平台和涉农组织等各种要素向农村电子商务集聚。在农村电子商务成长阶段，遂昌政府是通过购买服务方式，对农户进行电商技能培训，并且在资金等基本要素方面给予更多扶持，让农户认识并参与行业要素和组织要素的重要作用，促使农村电子商务要素优化组合。在成熟阶段，政府充分发挥市场机制作用，通过市场化运作，促进各要素向农村电子商务空间集聚。由此可见，政府行为成为各种要素向农村电子商务集聚的主要推动力量，既凸显了农村电子商务的战略地位，又为农村电子商务发展带来机遇。

7.3.3 现代商务模式驱动

现代商务模式为农村带来了广阔的市场需求空间和产业支撑。现代商务模式快速发展不仅为农村提供了诸如农民生产生活、获取公共服务、农产品销售、创业就业等需求，还为从事电子商务活动农户带来较为可观的经济利益，进而吸引越来越多的农民转向农村电子商务行业。伴随着参与主体增多，农村电子商务既带来基本要素、行业要素、组织要素的集聚，又带来一二三产业融合发展，为农村电商发展提供更多的要素基础和产业支撑。这些既驱动了多要素的优化组合，又推进了农村电子商务发展水平。

7.4 案例区农村电子商务发展的价值贡献

伴随着农村电商在乡村的发育，它在很大程度上悄悄地改变了原有村庄范围的经济活动、社会活动、文化活动、生态活动的方式。

7.4.1 经济价值贡献

7.4.1.1 经济组织重构

农村电商通过对乡村经济活动的重新组织，实现了对原有经济组织的重构。遂昌在发展农村电商的同时，也构建了农村电商经济组织，也正因为构建了这样的组织架构，才使得遂昌农村电商成为多方学习与复制的典范。遂昌农村电商经济组织形成起源于早期遂昌县网店协会和浙江遂网电子商务有限公司的创新实践。2010 年 PDM 与 PJY 作为发起人成立非营利组织遂昌县网店协会，把当地淘宝网商吸纳进入电商协会，为当地网商提供交流和学习的平台。同年 12 月，浙江遂网电子商务有限公司成立，开启了"社会化公共服务＋公司化运营"的探索。2013 年 6 月，首个农村电商服务站点在遂昌县王村口镇吴处村正式启动，标志着遂昌农村电商经济组织初步形成。

2016—2017 年期间，赶街公司基于移动互联网络，推出 3.0 模式，以县、乡、村三级合伙人为核心载体，建立由县级合伙人、乡镇合伙人、村级合伙人组成的三级组织架构及独立网络交易平台（赶街网），实现服务下乡、村货进城的双向服务链接。到了 2018 年，赶街公司执行新的组织架构运营模式。赶街公司运营部经理① LY 说："从 2018 年开始，公司派专人负责发展县域内乡镇合伙人，乡镇合伙人负责发展镇域内村级合伙人，村级合伙人负责衔接本村村民。村级合伙人主要负责村货信息集报（收集和报告）。"由此可见，赶街公司构建了"1＋3"组织架构，实行科层制管理，其中，"1"是指赶街公司运营人员，"3"是指由乡镇合伙人、村级合伙人、农民组成的乡村三级组织结构。在村货信息报告上，不限定逐级上报流程，上报流程相对灵活。对于农民而言，他（她）既可以把村货信息上报给村级合伙人实现村货信息扩散，也可以越级上报给乡镇合伙人或赶街公司运营人员实现村货信息扩散，见图 7－3。

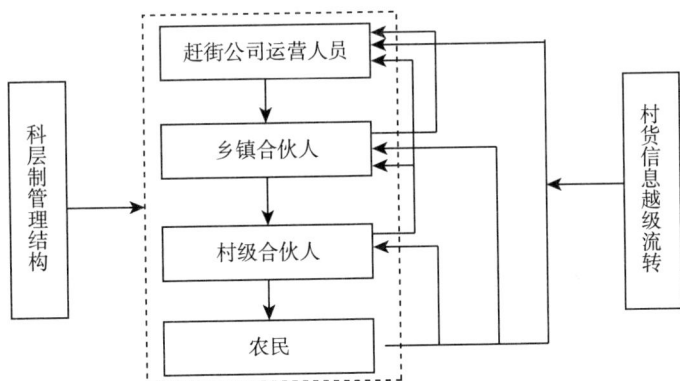

图 7－3　组织管理结构和村货信息流转渠道

　　从根本上讲，要想振兴乡村经济，就要依托乡村组织开展。当然，并不是有了组织，就一定会带来经济上的复兴。但各种组织的发育和发展，必然会重构乡村内部的组织结构，进而提高利益各方参与的积极性和主动性。这种情况下，乡村社区的组织重构，在振兴乡村经济的同时，提高了社区内部居民之间的互动，而且增强了社区与外界的资源交流和互通。这些无疑又是乡村社区凝聚力的重要前提和关键要素。

7.4.1.2　网络众筹强化乡村经济秩序

　　乡村经济秩序重构不仅需要依靠乡村内部力量，也需要依赖政府、市场、

---

　　①　注明：为了便于表述，对访谈农户使用从事电商后身份。

社会等外部力量的推动。在农村电商发展过程中，政府、社会积极借助农村电商作为媒介平台，在推动乡村产业发展、乡村经济合作组织重组中强化了乡村经济秩序重构。遂昌在深入实施脱贫攻坚的过程中，贫困村的问题日益突出，交通闭塞、农业基础设施严重不足，人才流失导致规模化农业发展严重滞后，大量土地撂荒闲置，贫困村民增收途径不多。为此，地方政府积极借助"互联网＋"力量，通过网络众筹，实现贫困村产业发展，使贫困村摆脱陷入"累积劣势螺旋"，比如高坪乡茶树坪村。调研发现，曾经的茶树坪村就属于典型的双"空心化"，即社会学意义的人才外流的"空心化"和经济学意义的大量土地闲置的"空心化"。该村书记 HJF 说："2016 年 5 月我带领村里 41 位老农决定以每亩 660 元承包价从村民手里流转了 260 亩梯田（大部分为荒了 20 年的山坳田），种植高山水稻。当年，在副县长帮助下，以'爸爸带你割稻子''高山稻米体验师'两个众筹项目在赶街农村电商网络平台销售，实现 2 万多斤生态大米销售一空，还成立遂昌县云上原生态农产品专业合作社。到了年底，41位老农每人领到近万元的'梯田工资'，有的收入比往年翻了 3 倍多。2018年，全村 3 万多斤稻谷，每斤价格卖到 10 元，却仍供不应求。"由地方政府推动的网络众筹项目，一方面实现了贫困村生态农业产业发展，留守人员就业增收，激发留守群体内生动力，为乡村脱贫攻坚寻找一条路径，取得了良好效果；另一方面，促进了地方政府、企业、乡镇合伙人、留守老农等多方参与者社会关系联结，推动了乡村经济共同体的形成，增进了乡村共同体意识，强化了乡村经济秩序。

7.4.1.3 网络平台赋能加快乡村产业发展

乡村经济秩序将如何发展，如何摆脱现实的困境需要呼唤更具有主体性的选择，更具有现实合理性、历史契合性的价值、观念、组织和制度的发现并引起共鸣。在"原子化"乡村，构建乡村经济秩序，既不能仅靠乡村和村民，任其自生自灭，也不能过于依赖外部力量，忽视乡村内生发展，而要依靠政府、市场、社会和村民之间的良性互动[223]。调研发现，遂昌"东方长粽"通过赶街农村电商网络平台持续推广，已经形成由近千名"包粽能手"组成的几十家合作组织，实现了让一根粽子带动一个产业，使农民走上增收致富之路。赶街经理 PJY 说："2013 年赶街公司开始挖掘当地特色产品，通过走访各村落挖掘传统包粽手艺能人，将传统民俗手艺遂昌长粽商品化，并通过赶街农村电商网络平台开始推广遂昌长粽品牌。2017 年，经遂昌政府、赶街公司、自然造物公司等多方沟通交流，在端午期间举行了"大过中国节"的系列活动，将遂昌元素与互联网元素相结合，从长粽标准的制定到'包粽能手'标准培训，再通过赶街农村电商网络平台推广，因造型独特、口感好，成为网络热销商品。2018 年，据不完全数据统计，全县售出 80 余万根，全渠道销售龙粽 3 万根，小长粽 20 余万根，仅包粽一项带动'包粽能手'增收 2 400 万，每人增收约 6 000 余元。"由此可见，"东方长粽"在农村电商网络平台持续推广过程，既是线下经济合作组织的形成过程，也是"包粽能手"的集聚过程，这种经济凝聚逐渐强化了共同经济利益意识，推动了乡村经济秩序重构。换句话说，赶街农村电商网络平台赋能乡村产业发展，促进了乡村经济合作组织形成，并通过乡村产业、乡村经济合作组织的重构加快了乡村共同体形塑进程。

7.4.2　社会价值贡献

7.4.2.1　双重身份认同助推多元参与主体的再凝聚

在现代社会中，农村居民可能是那些在决策和技能上都被边缘化的人。特别是年轻人，难以进入城市劳动力市场，缺乏获得收入和相关的社会网络（即社会剥夺）导致社会排斥，利益表达和身份地位改变很难实现。而赶街公司把那些决策和技能被"边缘化"的人群重新组织起来，给予他们培训、教会他们技能、提供他们创业就业机会、增加他们收入。调研发现，许多加入赶街乡镇合伙人或村级合伙人的返乡农民工由原来"打工者"变成了现在的"创业者"或"成功者"。乡镇合伙人 WJJ 说："2015 年以前，我在杭州、上海等地打工，由于没有技术，一年到头也挣不了几个钱。2016 年春节期间，听说赶街公司在招募乡镇合伙人，报了名并参加公司组织的培训，就这样加入了赶街。经过几年发展，店里长期雇用 2 个帮手，都是自家亲戚，到了忙季至少要七八个帮手，才能忙过来。2018 年收入达到 20 多万元。"同时，赶街公司把那些缺乏互联网知识技能的留守人员、传统商人重新组织起来，通过知识赋能，实现他们创业就业。村级合伙人 WLM 说："老公在杭州打工，婆婆有病，需要人照顾，2017 年加入赶街，公司还对我们进行网络操作、营销等方面的培训，平时在赶街网上卖卖村货，增加了收入。"村级合伙人 LHA 说："在村里开店有十多年了，2016 年赶街找到我这里，让我加入，还给我配了电脑，一年仅在网上卖村货能有一万多（元）收入。"可见，遂昌农村电商构成人员，既有在地的返乡农民工、留守妇女、传统商人，也有少量的大学生，表明了参与主体多元性。同时，赶街农村电商网络平台实现了多元主体利益与身份地位双重改变。也就是说，对利益与身处环境地位的认同，更有利于人们团结凝聚，心理上的认同感和规范身体上的行动两种因素的双重叠加会形成强大的激励体系。

7.4.2.2 "网红"激发乡村社会秩序重塑

当下，面对乡村共同体解构的危机，农村电商同样具有涂尔干和布朗所说的"凝聚社会团结""维持社会秩序"的功能[224]。通过互联网发展乡村旅游业，可以激发农村社区居民对当地遗产的归属感和自豪感，可以成为重塑乡村社会形象的有力工具，形成一种社会凝聚力。调研发现，遂昌一些特色乡村借助赶街农村电商网络平台进行不断宣传、推广、扩散，逐渐成为区域"网红"乡村，比如高坪乡茶树坪村。"网红"带来乡村产业发展的同时，也加速了村民回乡创业，促进了乡村再"实心化"趋势，推动了乡村社会秩序的重建。该村书记 HJF 说："我们村里的'高山梯田'美景和'万亩杜鹃长廊'照片通过赶街农村电商网络平台旅游板块呈现快速扩散，茶树坪村逐渐成为区域'网红'乡村。自从成为'网红'以后，来我们村里看梯田的人多起来了，村里有一些在外打工的年轻人也回来了，他们（年轻人）主要开农家乐。"村民 ZCM 说："原来在金华打工，挣不了几个钱，后来村子知名度高了（指：'网红'），来我们村里避暑度假的人多了，老公在家开农家乐，我在村头摆摊，卖土特产，（家庭）一年收入十几万是有的，又能照顾家中老人、小孩。"乡村社会秩序的恢复离不开特定社会中的行动主体及其活动，行动主体之间的相互关系及在其中所呈现的一致行动能力则构成秩序的社会基础[225]。当前茶树坪村社会秩序更多是依靠血缘、亲缘等社会关系形成的"自生性秩序"，而非建立在外部的"建构性秩序"基础之上[226]。村民 ZCM 说："村里虽然没有成立协会，但是一些关系比较好的亲戚经常聚在一起商量怎么把农家乐做好等方面内容。"此外，"网红"也吸引外来人员融入乡村社会关系网络。外来创业者 ZD 说："我是嘉兴人，通过网上（指：赶街网）看到这里（茶树坪村）景色很美，2016 年，我和弟弟租了一户民房，花了 50 多万装修，开了农家乐。本地村民对我们很好，经常把多余游客介绍给我们。"乡村借助赶街农村电商网络平台发展乡村旅游，使得散落在不同空间的外流务工人员纷纷回到以往支持他们生产生活的熟人社会，在开展与乡村旅游相关的住宿、餐饮、休闲和娱乐等创业就业过程中，曾经的"出入相友、守望相助"场景再次在乡村呈现，社区成员的关联性、互助性和互动性得以强化。同时，外流务工人员回乡创业，既能照顾家中老人，又能为孩子的健康成长营造良好家庭环境，特别是小孩教育问题，促进了家庭更加和睦。甚至赶街农村电商网络平台，把来自乡村社区以外的创业者与本地村民凝聚在一起，通过共同努力，相互理解，互相扶持，创造信任，形成新的社会关系认同，促使乡村再一次实现"有机团结"，重塑乡村社会秩序。

7.4.3　文化价值贡献

除了乡村经济秩序、社会秩序外，农村电商的快速发展也助推乡村文化复兴，改变着村庄场域中各参与者的心理和文化趋向。人们也是经由线上互动形成线下交流，逐步产生并形成"同感""共识"，乃至共同的"价值规范"，从而再造乡村商业文化。

7.4.3.1　网络平台助推乡村传统文化复兴

调研发现，赶街农村电商网络平台在推动乡村产业重构的同时，也助推乡村传统文化的复兴。赶街销售经理 LY 说："遂昌'东方长粽'是乡村传统文化元素与互联网元素有机碰撞的产物，它所承载的文化和情感引发消费者共鸣。对于消费者来说，这是一份最能体现中国端午文化的节日礼物。""端午节吃粽子，这是中国的传统。在不同地域也有不同包法和形态，但粽子所代表的传统文化精髓是一致的。而遂昌长粽有其独特文化寓意和内涵，其长度代表对亲友心意的程度，也凝聚着对亲情的表达，'粽越长，情越深'。另外，由于遂昌长粽个头长，适合多人分享，也被称为'分享粽'。"车前村党支部书记 FJW 说："遂昌车前村人将传统文化的长粽一直保留至今。农村电商让这根长粽开始'走'出车前，让人们分享着这一乡土文化和情愫。"同时，"车前村有160 多幢黄泥老屋，经过简单改造，发展农家乐，通过电商打造乡愁品牌，既带来了乡村旅游业发展，又实现传统文化传承。"可以发现，诸多拥有传统文化基因的乡村借助电子商务网络平台将乡村发展与传统文化有机融合，尤其是通过对中国传统文化挖掘带动产业发展，将传统文化基因植入到产业，在产业发展的同时，也实现了乡村传统文化复活。

7.4.3.2　线上互动营造乡村商业文化氛围

赶街公司在为散落在不同空间的村民提供了交易互动网络平台的同时，也为他们营造乡村商业文化氛围创造了条件。"离散化"的村民通过农村电商网络平台强化了社会关联，让一度"失联"的村民重新实现常态化联系。调研发现，随着赶街农村电商网络平台逐渐嵌入遂昌乡村，农民经常把自家农产品拍照上传网络平台进行销售，随之，会引发其他成员点赞、转发、购买、评论。比如：发布桃子预售信息，网络平台会呈现如下话语情景："这个桃子很好吃，预售哦，明天配送""不知道还能不能抢到""哈哈，很快的（指：桃子很快卖完了)""这个产品不错，去年我买过""稀缺""这位好朋友还是很识货的（指：桃子品质好）""已经转发了……"村民 LXF 说："每天，我都期待着有什么农产品信息出现，会对农产品进行评论、点赞，看到好的农产品也会转发。"赶街农村电商网络平台在乡村植入，使得传统乡村公共交易场所不再是村民唯一选择，为脱离时空的商品交易提供了条件，村民不再需要为此支付高昂的交易成本。同时，这一虚拟交易空间突破了同质圈交易的局限，拓展了同质圈交易的活动空间，村民借助网络平台构建的虚拟空间重新组织起来，强化和拓展了社会关联，为他们营造商业文化氛围创造了条件。

7.4.3.3 线下交流再造乡村商业文化

基于地域的赶街农村电商网络平台还会经由线上互动形成线下交流，在实践中形成了各类农村电商发展主题沙龙活动，正因为在实践中共识的达成，一致行动能力便成为他们日常生活实践的重要决定力量。也正是一致行动能力才能把原先较为分散的社会个体编织成一张相互关联的网络[227]。例如：2017年，赶街公司主办的"2017 遂昌县茶产业电商沙龙活动"和"规范农产品生产经营行为主题沙龙活动"。2018 年，赶街公司举办了"我为遂昌电商建言主题沙龙活动"，来自农业种养业、加工、销售等环节的负责人以及电商平台、旅游、外卖平台、快递企业、电商站长等电商相关从业者，就主题展开深入发言。尤其是，2018 年 5 月 26 日，主办的"乡村振兴，青年有话说"活动，遂昌本地一群从事农村电商的有志青年汇聚新路湾镇大马埠村馒头山，围绕"乡村振兴"主题展开深度的研讨。赶街乡镇合伙人 HYZ 说："乡村振兴，重要的是产业振兴，发展乡村产业，要借助'互联网＋'力量，让乡村产业插上腾飞的翅膀。"新路湾镇党委书记 YJM 说："制约乡村发展最大的痛点是人才缺失，村级组织缺乏年轻人，缺乏年轻的活力。希望各村把年轻的活力提升上来，也希望越来越多的年轻人把发展农村电商与乡村振兴结合起来。"在米德看来，意识不是个人的，而是集体的。线下主题沙龙活动为多方主体提供了一个交流互动平台，参与主体就讨论主题达成共识，借助赶街农村电商网络平台形成共同行动，进一步营造了乡村商业文化氛围。也就是，通过"共同在场"，使他们产生"同感""共识"，乃至共同的"价值规范"，从而再造乡村商业文化。

7.4.4 生态价值贡献

7.4.4.1 农村电子商务形塑共同体生态意识

调研发现，赶街公司在推动农村电子商务发展过程中，逐渐形塑了农户生态保护、绿色发展、生态产品等理念。赶街村货网络销售平台销售的农产品必须是"三品一标"基地产品,这在客观上要求农户回归原生态种养,从而促进了农户生态环保意识。村民 LHY 说:"我们这儿(生态环境)好,(高山)水田种的稻谷是没有农药的……大家都知道(保护环境),要是用了那些东西(指:农药、化肥等),人家(赶街公司)是不会收(够)的,就是因为好(指:稻谷品质好),才卖得高(指:稻谷价格高),他们看重的就是这里的环境好,种出的稻米好。种这些田的都是年纪比较大的人,沿用比较传统(种植)方式。"赶街农村电商网络平台在乡村嵌入,实现农户生态农产品价值,在"刺激-反应"作用下,农户生态意识也在不断被强化,进而在共同体中形成生态意识的"水波效应"。

7.4.4.2　农村电子商务助推乡村生态价值实现

根据资源禀赋理论,乡村生态价值实现主要包括生态产品价值与生态产业价值实现。赶街公司在推动遂昌农村电子商务发展的同时,也在促进当地产业生态化趋向,助推乡村生态价值实现。农户 WXK 说:"赶街村货网络销售平台所呈现的基本上是生态农产品,消费群体来源是城市端绿色消费者。"赶街合伙人 WLJ 说:"赶街对提供的产品都有严格要求,从农产品生产源头上进行品控。我们村靠近遂昌南尖岩风景区,海拔八九百米,昼夜温差大,生产的产品质量好。目前家庭农场面积有 263 亩,主要生产茶叶、板栗、香妃,并被授予绿色标准化生产基地。"赶街合伙人 LGL 说:"这里海拔高,农户主要种植高山蔬菜(四季豆、辣椒)。"可见,赶街农村电商网络平台在农村不断运用与扩散过程中,推动了《生态农产品电子商务品质控制标准》,实现了生态农产品价值与生态农业产业价值实现。

7.5　案例区农村电子商务发展的启示

7.5.1　对欠发达地区的启示

7.5.1.1　多因素共同努力促进农村电子商务发展

农村电商发展是在政府各项政策措施驱动下,通过资源要素集聚、市场需求拉动、三次产业支撑以及主体战略推动等多方共同作用的结果。借助区域资源要素培育县域农村电子商务,我国疆域辽阔,各地自然资源存在较大差异,各地区应利用这些差异,结合自身的比较优势,发展能体现地方特点的特色资源,为农村电子商务发展提供差异化产品,力促目标的实现。

7.5.1.2　社会化和市场化的有机结合驱动农村电子商务发展

首先，要通过组建县域非营利组织网商协会，协调地方政府部门、网商、服务商、供应商，实现社会化运作，提高农村电子商务从业人员的组织化程度。其次要通过组建自负盈亏的股份制公司，使电商经营主体成为主导力量，实现市场化运营，提高各种要素向农村电商产业配置效率。最后，通过社会化和市场化的有机结合，依靠持续的市场潜力和适度的社会组织协调共同驱动县域农村电子商务可持续健康发展。

7.5.1.3　政策扶持助推农村电子商务发展

农村电子商务的发展离不开政府引导支持，应强化政府政策措施推动力量。发挥各级商务部门作为推进农村电子商务职能部门的优势，制定农村电子商务发展专项规划，出台专门扶持农村电子商务发展的政策措施，强化农村电子商务发展战略地位，为农村电子商务发展营造良好的制度环境，给予农村电子商务更多政策、资金和要素支持，加速资源要素向农村电子商务集聚；发挥共青团组织作为推进农村电子商务的"先锋队"作用，依靠各级团组织，培训面广量大的网上创业青年，鼓励、推动、支持广大青年从事农村电子商务活动。

7.5.1.4　服务平台搭建支撑农村电子商务发展

首先，依托以"淘宝"为代表的线上大平台，通过"特色中国馆"，让更多的网店在网上集中展示销售，把本地的优质生态农产品销往全国，销向世界，有效解决了"卖出去"的问题。其次，通过分期分批建设"赶街"等各类农村电子商务服务站，推动电子商务在农村的普及应用，改善农村居民的消费环境，有效解决了"买进来"的问题。最后，积极通过引入专业化的服务团队，为青年网上创业提供电商咨询、技能提升、信息发布等标准化服务，推进农村电商服务中心等线下第三方公共服务平台建设。

7.5.1.5　"两山"的发展理念引领农村电商发展

我国有许多类似于这样地处偏远的欠发达地区，工业发展水平相对落后，生态环境相对较好。在信息经济时代下，决定一个区域竞争优势的根本因素也已发生变化，人才、信息是决定一个区域竞争力的根本要素，这就给那些落后的、生态资源较好的地区带来了发展机遇，正因为经济欠发达，生态环境得到了较好的保护，在经济欠发达地区通过"互联网＋旅游""互联网＋农业"来实现生态资源与互联网结合，给予落后地区插上起飞的翅膀。

7.5.2　对乡村振兴的启示

乡村振兴的核心应该是共同体的复兴，乡村作为空间所具有的生产生活意义的复兴，乡村秩序的复兴。就其本质而言，农村电商的兴起不仅仅是一个经济现象，也不仅仅是农产品上行的一个技术手段，而是乡村共同体在经历衰退之后实现再凝聚的一个媒介平台。但需要注意的是，农村电商在治疗乡村衰落中的作用不应被过度夸大。想要发挥农村电商对乡村振兴更大的作用，还是有几个问题需要重视起来。

7.5.2.1　农民的参与及自身发展能力的提升都很重要

在农村电商发展过程中，往往将农民作为主要参与对象。因为农村电商发展的前提是，只有农民全面参与才能真正确定他们的需求。农村电商把成员既当作客体又视为主体，因此要更加注重农民的参与程度与参与能力，希望以此改善农民在乡村社会经济发展中地位不高的问题，并借此提高农村电商网络平台运营的有效性。由于农村电商把农民视为发展的中心，因此在当前乡村振兴战略背景下占有很大优势，并容易被广泛接受。从以上分析可以看出，农村电商网络平台参与对象主要是农民这样的"边缘化"的人群，在当前的经济社会结构中，他们始终处于不利的地位。由于农村电商发展的价值基础是实现农村居民就业增收，因此，发展农村电商是实现农民就业增收的较好手段，也是提高农民可行性能力的重要途径。

7.5.2.2　农村电商的创新能提高服务质量，有效改善农民的生活状况

对于农村电商参与者来说，提升农民的观念、知识和技能及其创新能力，从根本上帮助农村实现自我造血功能，从而推动乡村社区层面的内生式发展。就目前农村电商发展的情况来看，农民参与程度比较高，但其参与能力不足。因此，提高农村电商服务质量，借助教育、培训等手段，有助于参与群体运用互联网可行性能力，实现其真正创业增收、脱贫致富。此外，当农民的经济利益表达在农村电商网络平台得以实现时，并超出农民所期待的预期，他们就会对农村电商有兴趣、信心、认同，因此也使得农村电商成为乡村社会凝聚力的新型手段。

7.5.2.3　农村电商实现乡村自我发展能力，但是离不开政府的支持

逻辑上说，外源性发展动力非常必要，但相比而言更应该注重内源性发展动力培育，这是以人为本的科学发展观的客观要求，也是实现可持续发展的唯一途径[228]。国家在运用农村电商实现乡村减贫时，更多地强调乡村社区自我

发展的重要性。但他们都忽视了，自我发展能力的培养也需要一定的物质条件和支持。因此，在国家整体经济实力不强的情况下，国家应充分重视各种网络平台的使用，尽量在借助外部资源的情况下，真正提升乡村自我发展能力。农村电商是为农民服务的好形式。像遂昌这样在乡村发展的资源要素大量外流的情况下，农村电商实践还能呈现出如此广泛的适应性和旺盛的生命力，主要在于政府的大力支持。

7.6　本章小结

本章以浙江省县域农村电子商务发展的典型模式作为研究案例，分析了县域农村电子商务发展的影响因素、形成机理以及对乡村振兴的作用，在此基础上，形成经验启示。首先，县域农村电商发展是在政府各项政策措施驱动下，通过资源要素集聚、市场需求拉动、三次产业支撑以及主体战略推动等多方共同作用的结果。其次，县域农村电子商务形成机理是基于要素结构不断优化整合推动，在政府通过政策引导下，既加快各要素资源向农村电商集聚，又加速县域农村电子商务形成，以及现代商务模式为农村带来了广阔的市场需求空间和产业支撑。再次，伴随着农村电商在乡村的发育，它在很大程度上悄悄地改变了原有村庄范围的经济活动、社会活动、文化活动、生态活动的方式。严格意义上来讲，农村电商的导入，带来了乡村社区组织形式的重构，增加了乡村社区居民借助经济活动产生的黏合。最后，分析县域农村电子商务发展对欠发达地区及乡村振兴的启示作用。

第8章 主要结论与对策建议

8.1 主要结论

本书从农户视角对浙江省农村电子商务发展的价值贡献开展了系统研究和深入分析后，得出以下主要结论：

第一，关于农村电子商务价值贡献形成机理。农村电子商务发展的价值形成机理经历投入、过程、产出、价值 4 个环节，在不同环节呈现不同表征。首先是投入环节。政府主要投入道路交通、网络设施以及为推动农村电子商务发展制定的政策措施。农村电子商务发展离不开社会各组织的支持，社会各组织主要投入人力、技术、资金。农村电子商务发展的落脚点在农村，农村区位、自然资源、文化资源、人力资源等资源禀赋是电子商务发展成功与否的关键。其次是过程环节。从投入到产出环节要经历一段过程，在此环节上，农户在社会网络、模仿行为等动力机制推动下，参与学习过程。企业在规模经济、集聚经济等动力机制推动下，投入资金、技术（特别是 4G/5G 时代到来）、人力建立电商运营服务载体。政府在网络经济、集聚经济等动力机制驱动下，通过项目引进，构建平台载体、进行电商发展的主体培育。再次是产出环节。在投入与过程两个环节不断驱动下，形成了推动农村电子商务发展必须具有主体、组织、配套服务载体、物流载体、网络销售平台、电商服务机构、空间载体、新业态等要素条件。在投入、过程、产出持续作用下，形成了农村电子商务在经济、社会、文化、生态等方面的价值贡献效果环节。

第二，关于农村电子商务价值贡献模型构建。根据农村电子商务价值贡献形成机理的理论分析及价值贡献的理论依据，构建了农村电子商务价值贡献模型并对该理论模型进行了检验，开发出了作为正式理论概念的农村电子商务价值的四个价值构面，通过结构方程模型检验结果证明，该模型的四个价值构面显示出了较高的信度和效度，是一个在测量农村电子商务价值贡献方面具有较高适应性的理论框架。

第三，关于农村电子商务价值贡献的实证研究。实证分析结果显示：①农村电子商务发展最主要的贡献是经济价值。从对农户家庭收入看，网络销售收入对网供商农户家庭总收入贡献率最高，而对网商农户家庭收入贡献率相对较低，且从事网络销售的时间是影响参与主体农户家庭收入的重要因素；发展农村电子商务对经济欠发达地区的丽水农户家庭收入贡献率要大于温州地区和金华地区农户家庭收入贡献率。从对农户生产方式改变看，农村电子商务发展对农户生产方式带来不同程度的改变。从对农户产品销量看，网商农户产品销售额增长相对较高，而供应商农户产品销售额增长相对较低；丽水地区农户产品销售额增长相对较高，而金华地区农户产品销售额增长相对较低。从农户产品质量品牌提升看，网络销售品牌产品的农户的比例较高，但农户网络销售市域或县域公共品牌相对较少。从对生产效率提升看，发展农村电子商务均不同程度提高了农户生产效率，尤其是对网供商农户提升生产效率更为显著。从对农户产业技术服务与培训看，农村电子商务发展促进农户获得了更多产业技术服务与培训，其中，对网商农户在获得产业技术服务与培训方面贡献相对更为明显。从对农户产品销售成本降低看，农村电子商务发展对农户的产品销售成本降低有不同程度的促进作用，其中，对网商农户的产品销售成本降低相对要明显，而对供应商农户的产品销售成本降低相对要弱。②社会价值贡献主要涉及促进了基本的设施条件完善、农民生活方式改变、家庭社会地位提升、返乡农民创业就业、农户网络购物、农民素质的提高、农户交流方式等。从对农村基础设施完善看，农村电子商务发展促进了农村基础设施完善，但行政村电子商务配送站点建设依然不足。从对农户生活方式影响看，农村电子商务发展对网商农户和网供商农户生活方式影响相对较强，而对供应商农户生活方式影响相对较弱。此外，农户使用上网工具由网络端向移动端转移趋势比较明显。从对农户家庭社会地位影响看，发展农村电子商务均带来农户家庭社会地位的提升，其中，对网商农户和网供商农户影响相对较大，对供应商农户影响相对较小。从对返乡农民创业就业看，农村电子商务发展带动返乡人员创业相对较强，但对普通农户带动相对较弱。从农户网络购物看，农村电子商务发展对网供商农户网络消费影响相对较强，而对供应商农户网络消费影响相对较弱；农村电子商务对金华地区被调查农户网络消费影响相对较强，而对丽水与温州农户网络消费影响相对较弱。从对农民素质的提高看，发展农村电子商务有效促进了网商农户、网供商农户获得电商知识途径的多元化及其自身素质的提高，但网商农户、网供商农户参与政府或社会机构组织的培训相对较少。从对农户交流方式影响看，农村电子商务发展促进了参与主体的交流方式改变，其中，对网供商农户的交流方式改变影响相对较强，对供应商农户的交流方式改变影响相对较弱。③农村电子商务发展的文化价值贡献主要是促进了乡风文明、推动了商业文化氛围、促进了城乡文化融合。④农村电子商务发展的生态价值贡献主要是促进了农户环保意识提升、生态产品销售、生态产业发展。

第四，关于农村电子商务典型案例研究。农村电子商务典型模式作为研究案例，分析了县域农村电子商务发展的影响因素、形成机理以及对乡村振兴的作用，在此基础上，形成经验启示。首先，县域农村电商发展是在政府各项政策措施驱动下，通过资源要素集聚、市场需求拉动、三次产业支撑以及主体战略推动等多方共同作用的结果。其次，县域农村电子商务形成机理是基于要素结构不断优化整合推动，在政府通过政策引导下，以及现代商务模式为农村带来了广阔的市场需求空间和产业支撑。最后，伴随着农村电商在乡村的发育，它在很大程度上悄悄改变了原有村庄范围的经济活动、社会活动、文化活动、生态活动的方式。在某种程度上，这种作用对欠发达地区乡村振兴有着重要启示作用。

8.2 对策建议

本小节针对第6章浙江省农村电子商务发展的价值贡献存在不足之处，提出一些可行性建议。

8.2.1 加大农村电子商务振兴乡村支持力度

第一，要在浙江省范围内营造农村电子商务振兴乡村发展氛围，必须加快制定农村电子商务振兴乡村专项政策措施。第二，应明确农村电子商务振兴乡村的思路，通过专项规划来理清振兴乡村思路的主要框架，则专项规划内容应涵盖发展农村电子商务重要意义、总体要求和主要任务、实施路径和方案、保障措施等六个方面的核心内容。第三，加强农村电子商务振兴乡村的制度保障，用合理规划、大胆创新的态度去布局农村电子商务振兴乡村战略，加大财政补贴力度，提供完善到位的专业服务。第四，应该加强监管力度。各部门应该将农村电子商务振兴乡村列入相应的年度考核范围，并且将农村电子商务发展与乡村振兴任务相结合，开展指标体系考核。

8.2.2 加快农村电子商务配送站点布局

调研发现，一些农村地区发展电子商务资源禀赋基础条件本身比较优势不强，加之地方政府偏好工业产业规模效益，农村发展电子商务的资源要素出现断流或倒流现象，致使电子商务在农村边缘化现象比较普遍。比如：乡村电子商务服务站点建设方面依然比较薄弱。因此，加大政策引导，积极推动移动、邮政等国有企业开展乡村物流站点建设，加快推动像阿里巴巴、京东、苏宁、顺丰等电商、物流企业资本向乡村物流网点建设流动，进镇入村建立"乡镇-行政村"物流服务站点。针对偏远贫困山区及交通基础设施较差的行政村，在短期内建设电子商务配送站点不太现实，需要对现有的农村客运、散货运输、邮政物流等资源进行整合，带货进城入村。针对到村委会距离超过5公里以外的自然村、居民定居点，要整合乡村资源，设立电子商务配送联络点，由自然村、居民定居点电子商务联络员，安排进村出村人员担当临时快递员角色，打通偏远自然村、居民定居点农产品进城、工业品入村通道。地方政府制定政策措施，积极培育地方物流公司，加大本土中小型物流公司建设扶持力度，加快布局行政村电子商务配送站点，激活农村地区的电商潜力，为当地农民提供网购网销、快递代收代发、代换代退、实现商品自提、送货上门。

8.2.3 打造地域农产品公用品牌

调研发现，在产业支撑不足方面主要表现在农产品没有特色，凡是电子商务发展比较好的电商村，要么依托本村产业支撑，要么依托县域、镇域产业支撑，尤其是依托地方特色农产品发展农村电子商务尤为突显，许多乡村农产品质量有待进一步提高。甚至一些淘宝村，由于产业支撑不足，产业融合度不够，网商农户纷纷离开村庄，出现了"空淘村"现象。因此，运用电子商务快速扩散的特性推动以地域农产品公用品牌、大宗农产品品牌、特色农产品品牌为核心的农产品品牌市场营销，扩大农产品品牌竞争力。从行政村调查数据来看，浙江省特色种植品种比较丰富，且地域特色明显。随着网购消费向绿色、健康方向发展，加大网销农产品认证力度、保障网销农产品商品质量安全，必将推动农村电子商务发展。整合农产品资源上线，打造O2O农旅观光，积极引导农业经营单位抱团发展，整合资源打包上线塑造地域公共品牌，布局线下实体店，建立集中的电商平台，组建电商团队负责线上运营，带动线下的乡村旅游，实现以旅强农、电商助农，打造地域农产品公用品牌。

8.2.4　积极注重电子商务人才培养

调研发现，发展农村电子商务需要懂电商、会运营、能美工的复合型人才，但由于年轻人不愿回农村、农村待遇低、条件相对较差等原因，使得农村招不到人、留不住人，专业人才缺乏成为农村电商的一个难点与痛点。然而，目前农村大量的有素养的农户外流，而围绕农村电商发展的相关各类人才数量不足或缺乏，是阻碍农村电商发展的一道重要门槛。从网商农户调研数据显示，有 24.14％的农户从事网络销售（或开网店）过程中面临人才招聘困境，依然有 33.00％的供应商没有从事网络销售（或开网店）的主要原因在于缺少帮手。乡村要有人才才能发展电子商务，创造农村电子商务创业环境氛围，促进乡村外流人员回流，吸引农村年轻人返乡创业，为乡村发展电子商务奠定人才基础。通过在运用电子商务销售农产品方面比较成功的规模农业经营户和农业经营单位中树立典范，积极引导农户在农村就地创业创新。农村电商从培训转向培养，加大对返乡电商创业人员扶持力度，实施电商创业人员前期培训到创业支持跟踪服务，积极化解电商创业人员创业困境，建立为创业人员服务的长效机制，短期培训转变为长期培养，为农村电子商务发展打下良好的人才基础。

8.2.5　积极培育乡村市场

为摆脱乡村实体市场建设缺陷，积极推动农村电子商务为主体的线上销售市场，打造基于农产品网络销售的平台，是打通农产品上行渠道取得突破的重要途径。借助移动网络的广泛性和普及性，实现客户快速裂变，未来应瞄准诸如抖音、微信、微博、今日头条等新媒体影响作用，积极利用微信社群、抖音网红力量，进一步推进移动端社群消费服务功能，积极打造基于社群端消费网络平台，充分发挥新媒体的积极作用。加大电子商务在农产品销售中的应用力度，弥补乡村农产品市场建设不足缺陷，努力提高农产品网络销售占传统销售比重。随着农村消费升级，释放消费潜力，加快引导农村商业实体顺势而为，积极应用电子商务开展线上线下营销模式，解决乡村市场建设不足困境。

8.2.6　构建农产品电子供应链网络

构建一个由供应商农户、网商农户到消费者组成的农产品上行电子供应链系统。利用各种社会组织，整合供应商农户、网商农户，实施集中采购与配送，减少农产品销售环节，拓宽农产品流通渠道。加强技术支持服务，为供应商农户提供更为精确的种植信息和养殖信息，为其实现自我调节提供科学依据。需要注意的是，由于网货供应商提供的网货品质好坏直接影响网络销售规模，必须在货源上加强品控，尤其是农产品电商中的农产品包装与保鲜技术、溯源、品控、检测、物流选择、售后等相关体系的供应链管理，这就需要涉农组织参与，因此，积极引导涉农组织以行业合作服务涉农电商活动。

附录 1

浙江省农村电子商务发展的农户调查问卷

尊敬的被调查者：

您好！感谢您参加浙江省农村电子商务发展的问卷调查。本问卷旨在分析浙江省农村电子商务发展富民和参与情况，涉及的内容不记名、不公开，仅供科研使用，希望您真实填写。对于您的参与和配合表示最诚挚的谢意！

调查地区：浙江省＿＿＿＿＿市＿＿＿＿＿县（县级市）＿＿＿＿＿乡＿＿＿＿＿村

联系电话＿＿＿＿＿＿＿＿＿＿　调查人员：＿＿＿＿＿＿＿＿＿＿

第一部分：基本情况

（一）个人特征

1. 性别：□男　□女

2. 年龄：＿＿＿＿＿岁

3. 您来自哪里？

□本村　□本乡镇其他村　□本县其他乡镇的村　□本市其他县的村

□本省其他市的村

4. 您的受教育水平：□小学及以下　□初中　□高中（含中专）　□大专

□本科及以上

5. 您的身份？□普通村民　□农业规模经营户　□返乡务工村民　□退伍军人　□在外经商返乡村民　□村干部　□返乡大学生　□其他

6. 风险态度：□很喜欢冒险　□比较喜欢冒险　□求稳　□很保守

7. 健康状况：□很好　□比较好　□一般　□比较不好　□很不好

8. 家庭总人口：＿＿＿＿＿人

（二）本村电商发展基本情况

9. 你们村是淘宝村或电商村？□是　□不是

10. 你们村发展农村电子商务具有哪些方面优势？（可多选）

□区位条件　□生态环境　□特色农业　□特色文化　□工业产业　□传统手工艺　□其他

11. 你们村发展农村电子商务，带动了哪些方面产业发展？（可多选）

□电子商务＋农业产业　　□电子商务＋工业产业　　□电子商务＋旅游产业
□其他

12. 你们村有没有村级电子商务服务站点？□有　　□没有

13. 你们村主要道路路面状况？□水泥　　□柏油　　□沙石　　□砖、石板
□其他

14. 你们村距离本乡镇＿＿＿＿＿＿＿公里，距离城区＿＿＿＿＿＿＿公里

（三）参加组织情况

15. 您参与下列哪些组织？（可多选）

□电商协会　　□合作社　　□其他＿＿＿＿＿＿　　□没有（跳至18题）

16. 您参与组织获得哪些帮助？（可多选）

□产品供给　　□产品销售　　□人脉关系　　□信息服务　　□咨询培训　　□仓
储配送　　□营销推广　　□网商交流　　□其他

17. 您参与组织后，您的销量是否增加？

□销量下降了　　□既没有增加，也没有减少　　□增加了，但不明显　　□增
加比较明显　　□增加特别明显

（四）网络购物情况

18. 您通过什么工具上网？

□全部用电脑　　□全部用手机　　□电脑为主，手机为辅　　□手机为主，电
脑也辅　　□请他人代购

19. 2018年，您通过互联网购物花费多少钱？＿＿＿＿＿＿＿元

20. 2018年，您通过互联网购物花费占您全年购物比重？

□0％　　□1％～20％　　□21％～50％　　□51％～70％　　□71％～90％
□100％

（五）参与电商环节

21. 您目前参与农村电商的哪个环节？（可多选）

□给网商提供过商品（仅选此项请跳过第三部分）

□通过微信、淘宝等网络平台销售产品（仅选此项请跳过第四部分）

第二部分：农村电子商务价值贡献评价

1. 您对发展电子商务产生的价值总体感到？

□非常满意　　□比较满意　　□一般　　□不太满意　　□很不满意

2. 您对发展电子商务带来的家庭收入增长情况感到？

□非常满意 □比较满意 □一般 □不太满意 □很不满意

3. 您对发展电子商务带来的生产方式改变情况（订单、预售、众筹、定制、认领等生产）感到？

□非常满意 □比较满意 □一般 □不太满意 □很不满意

4. 同之前比，您新增了哪些生产方式？（可多选）

□订单式生产 □定制式生产 □网络众筹 □预售生产 □其他

5. 您对发展电子商务带来的产品销量情况（生产规模扩大、销量增加）感到？

□非常满意 □比较满意 □一般 □不太满意 □很不满意

6. 您对发展电子商务带来的产品知名度提升情况（品牌得到大众认可，销售地域范围扩大）感到？

□非常满意 □比较满意 □一般 □不太满意 □很不满意

7. 您认为发展农村电子商务，同以前比，您根据市场信息反馈安排生产的效率明显提升？

□非常认同 □比较认同 □一般 □不认同 □非常不认同

8. 您认为发展农村电子商务，您获得产业技术服务与培训比以前更多了？

□非常认同 □比较认同 □一般 □不认同 □非常不认同

9. 您认为发展农村电子商务，同以前比，农村合作经济组织的规模更大了？

□非常认同 □比较认同 □一般 □不认同 □非常不认同

10. 您认为发展农村电子商务，同以前比，您产品的销售成本降低了？

□非常认同 □比较认同 □一般 □不认同 □非常不认同

11. 您认为发展农村电子商务，同以前比，你们村基础设施（道路、网络等）更加完善？

□非常认同 □比较认同 □一般 □不认同 □非常不认同

12. 您对发展电子商务带来的生活方式改变情况（生活便利方面）感到？

□非常满意 □比较满意 □一般 □不太满意 □很不满意

13. 农村电商给您带来下面哪些便利？（可多选）

□购买生活用品 □购买生产资料 □代缴水电费 □金融贷款 □社会交往 □其他

14. 您对发展电子商务带来的家庭社会地位提升情况感到？

□非常满意 □比较满意 □一般 □不太满意 □很不满意

15. 您认为发展农村电子商务，同以前比，你们村返乡人员（农民工、大学生等）多了？

　　□非常认同　　□比较认同　　□一般　　□不认同　　□非常不认同

16. 您认为发展农村电子商务，同以前比，你们村外地人员多了？

　　□非常认同　　□比较认同　　□一般　　□不认同　　□非常不认同

17. 您认为发展农村电子商务，同以前比，您家庭的消费能力提升了？

　　□非常认同　　□比较认同　　□一般　　□不认同　　□非常不认同

18. 您认为发展农村电子商务，同以前比，您的综合素质（文明程度、沟通能力、电商知识及技能等）明显提升了？

　　□非常认同　　□比较认同　　□一般　　□不认同　　□非常不认同

19. 您认为发展农村电子商务，同以前比，沟通交流方式更加便捷了？

　　□非常认同　　□比较认同　　□一般　　□不认同　　□非常不认同

20. 您对发展电子商务带来的乡风文明（家庭和谐、文化多元性等）提升情况感到？

　　□非常满意　　□比较满意　　□一般　　□不太满意　　□很不满意

21. 您对发展电子商务带来的商业文化氛围（产品展示和销售话题讨论增多、公平竞争和合作共赢意识提升等）改善情况感到？

　　□非常满意　　□比较满意　　□一般　　□不太满意　　□很不满意

22. 您认为发展农村电子商务，同以前比，城市文化与其他文化相互融入？

　　□非常认同　　□比较认同　　□一般　　□不认同　　□非常不认同

23. 您对发展电子商务带来的环保意识提升情况（不乱扔垃圾、保护环境等）感到？

　　□非常满意　　□比较满意　　□一般　　□不太满意　　□很不满意

24. 您对发展电子商务带来的生态产品销售情况（生态产品销售规模扩大且增速明显，化肥、农药、化学制剂等使用减少）感到？

　　□非常满意　　□比较满意　　□一般　　□不太满意　　□很不满意

25. 您认为发展电子商务促进了产业向环保化、轻型化方向发展，降低了"废水、废气、废物"排放？

　　□非常认同　　□比较认同　　□一般　　□不认同　　□非常不认同

第三部分：网络销售情况

1. 您是否为全职做电商？□是　□否

2. 您从事网络销售（或开网店）之前，是否参加过电商培训：□是 □否

3. 您是否有网店？□有，目前有＿＿＿＿家网店　□没有

4. 您从事哪种电商？□只做国内电商（跳过第5题）　□只做跨境电商（回答第5题）　□国内、跨境电商都做（回答第5题）

5. 您认为做跨境电商的困难是（可多选）？

□人才缺乏　□网络平台　□物流成本高　□交易沟通困难　□跨文化习俗　□其他

6. 您在从事电商之前，有过＿＿＿＿次创业。

7. 您通过哪些网络平台渠道销售产品（可多选）？

□淘宝网（天猫商城，1688）　□京东商城　□拼多多　□微信平台社交电商　□顺联动力社交电商　□云集社交电商　□本地自建平台（比如："赶街网""最土网"等）　□其他网络平台

8. 您网络销售的产品生产地范围：□本村内　□本镇内　□本县（县级市）内　□本地级市内　□本省内　□全国　□全球

9. 您网络销售的产品销往地范围：

□本镇内　□本县（县级市）内　□本地级市内　□本省内　□全国　□全球

10. 您从事网络销售（或开网店）是否得到政策的支持？□是　□否（跳至13题）

11. 如有得到政策支持，主要是哪些方面？（可多选）

□财政补助　□培训　□税收减免　□贷款优惠　□土地支持　□其他

12. 如有得到政策支持，到目前得到政府财政补助总共＿＿＿＿万元。

13. 您从事网络销售（或开网店）是＿＿＿＿年，当年投入＿＿＿＿万元，2018年又投入＿＿＿＿万元。

14. 您没有从事网络销售（或开网店）的时候，您的销售额＿＿＿＿万元，2018年销售金额为＿＿＿＿万元，其中通过微信社群销售的比重＿＿＿＿％，销往国外的比重＿＿＿＿％。

15. 您没有从事网络销售（或开网店）的时候，家庭全年收入＿＿＿＿万元；您从事网络销售（或网店）第一年家庭全年收入＿＿＿＿万元，其中网络

销售（或网店）的收入_____万元；2018 年家庭全年收入_____万元，其中网络销售（或网店）的收入_____万元。

16. 您网上所销售出去的产品来源于：□全部自家生产　□全部从供应商采购　□部分自家生产，部分从供应商采购，采购部分的比重占_____%

17. 您是否还给其他网商提供货源：□是，占您全部销售量的比重_____% □否

18. 您网上主要销售的具体是何种产品：_____。（比如：土猪肉、茶杯、葡萄等）

19. 您网上销售的产品是属于什么品牌：（可多选）

□自己注册的品牌　□县域公共品牌　□市域公共品牌　□他人注册的品牌　□没有

20. 工商注册情况：□注册为个体工商户　□注册为公司　□没有注册

21. 您目前网上销售的产品属于？（可多选）

□新鲜农产品　□干货农产品　□轻工业品　□传统手工艺品　□其他

22. 您网上销售产品是否获得了下列认证？（可多选）

□行业认证　□国家认证　□国际认证　□没有认证

23. 您目前从事网络销售（或网店）的员工数量为_____；其中，家人_____亲朋_____村民_____外聘_____，每人平均工资一年是_____万元；大学及以上学历员工数量为_____；技术人员数量为_____；返乡人员数量为_____。

24. 您从事网络销售（或开网店）的第一年平均邮寄一份包裹_____元，2018 年邮寄一份包裹_____元。

25. 2018 年，您在物流快递方面的总支出是_____万元；在产品包装方面的总支出是_____万元；在宽带网络方面的总支出是_____元；支付电子商务第三方服务商服务费用（包括：网店装修、产品描述、产品拍照等）_____元。

26. 2018 年，您用在网上商品、网店店铺广告推广费用_____万元。

27. 您平均每天用于电商经营时间_____小时。

28. 您用在学习培训电商知识技能费用_____万元。

29. 您从开始学习或培训到从事网上销售（或开网店）大概用了_____天。

30. 您用在员工电商培训投入_____万元，培训人员数_____人。

31. 您通过什么途径学习电商知识？（可多选）

□自学　□向亲戚、朋友等熟人学习　□参与政府组织的培训（选此项，请回答 32 题）　□参与社会机构组织的培训（选此项，请回答 32 题）　□其他

32. 如有接受培训，您接受过哪些电商方面知识技能培训？（可多选）

□网络操作　□店铺运营　□网络营销　□商品摄影拍照　□商品表述□新媒体营销　□其他

33. 您的网络销售（或网店）最需要帮手从事哪方面的工作前三名：_____、_____、_____。

（1）货源采购　（2）打包发货　（3）客户服务　（4）营销策略　（5）宝贝描述　（6）设计、美工　（7）视频制作　（8）商标设计　（9）其他

34. 您是否依托县级电子商务公共服务中心来发展电子商务？□是　□否

35. 您是否考虑入驻电子商务园区/产业园区？□是　□否

36. 您目前从事网络销售（或开网店）过程中面临的主要问题有哪些（可多选）：

□货源问题　□客户问题　□物流问题　□土地问题　□资金问题　□宣传问题　□仓储问题　□知识培训　□人才招聘　□市场竞争较大　□其他

36. 如果您销售的是农产品，是否获得了下列认证？（可多选）（销售农产品，请回答此题）

□无公害农产品　□绿色食品　□有机食品　□没有

第四部分：供货给当地网商情况

1. 您是否为全职供应商？□是　□否

2. 您属于下面哪种供货商主体？□普通农户　□农业规模经营户　□合作社　□生产企业　□其他

3. 您给网商提供的具体是何种产品：_____（比如：土猪肉、茶杯、葡萄等）

4. 您给网商提供的产品属于？（可多选）

□新鲜农产品　□干货农产品　□轻工业品　□传统手工艺品　□其他

5. 您给网商提供的产品来源于：

□全部自家生产　□全部从其他供应商采购　□部分自家生产，部分从其他供应商采购，采购部分的比重占_____%

6. 您给网商提供货物之前，一年的平均销售额为_____万元，第一年

给网商供货的销售额_____万元，2018 年销售额为_____万元。

7. 您给网商提供网货之前，家庭全年收入_____万元；给网商提供网货之后，家庭第一年全年收入_____万元；2018 年家庭全年收入_____万元，给网商提供网货的收入_____万元。

8. 您给网商提供网货之后，利润上涨了吗? □是，上涨_____% □没有

9. 您给网商提供网货之前，员工数量为_____人，现在员工数量为_____人。

10. 您给网商提供的网货，占您全部销售量的比重_____%。

11. 您给网商提供的商品是属于什么品牌：(可多选)

□自己注册的品牌 □县域公共品牌 □市域公共品牌 □他人注册的品牌 □没有

12. 工商注册情况：□注册为个体工商户 □注册为公司 □没有注册

13. 如果您供应的是农产品，是否获得了下列认证？(可多选)(提供的是农产品，请回答此题)

□无公害农产品 □绿色食品 □有机食品 □其他 □没有

14. 您目前没有从事网络销售 (或开网店) 的主要原因有哪些 (可多选)：

□资金缺乏 □电商知识技能缺乏 □市场竞争较大 □缺少帮手 □精力不足 □仓储问题 □物流问题 □土地问题 □货源不足 □客户问题 □其他

15. 您提供给网商的产品生产地范围：□本村内 □本镇内 □本县 (或县级市) 内 □本地级市内 □本省内 □全国 □全球

16. 您供货的网商分布地范围：□本村内 □本镇内 □本县 (或县级市) 内 □本地级市内 □本省内 □全国 □全球

调查到此结束。谢谢您的配合！

附录 2

案例区农村电子商务发展的访谈提纲

1. 请您谈一谈您从事农村电子商务经过。
2. 您从事农村电子商务前后，您及您的家庭有哪些变化。
3. 请您谈一谈您通过网络销售农产品的情况。
4. 请您谈一谈您参加电商协会、合作社等组织的情况。
5. 请您谈一谈农村电子商务发展对乡村文化有什么好处。
6. 请您谈一谈农村电子商务发展对乡村环境有什么好处。
7. 您认为遂昌县农村电子商务发展如何？原因是什么？
8. 您对遂昌县农村电子商务发展有什么建议？

参 考 文 献

［1］Bertone S. Unions, the Workplace and Social Cohesion, in Jupp J, Nieuwenhuysen J and Dawson E, et al. Social Cohesion in Australia ［M］. New York: Cambridge University Press, 2007.

［2］Castles S, Morrissey M, Pinkstone B. Migrant Employment and Training and Industry Restructuring, in Jupp J, et al. The Challenge of Diversity ［M］. Canberra: AGPS, 1988.

［3］Letki, Natalia. Does Diversity Erode Social Cohesion? Social Capital and Race in British Neighbourhoods ［J］. Politi-cal Studies, 2008, 56 (1): 99 – 126.

［4］Laurence, James. The Effect of Ethnic Diversity and Community Disadvantage on Social Cohesion: A Multi-Level Analysis of Social Capital and Interethnic Relations in UK Communities ［J］. European Sociological Review, 2011, 27 (1): 70 – 89.

［5］Yi Sun. E-commerce Strategy for Agricultural Product Transaction Market Based on Information Asymmetry ［J］. Agro Food Industry Hi-tech, 2016, 27 (6): 138 – 143.

［6］Beurskens F. The Economics of Dot. coms and E-Commerce in the Agrifood Sector ［J］. Applied Economic Perspectives and Policy, 2003, 25 (1): 22 – 28.

［7］黄云平, 冯秋婷, 张作兴, 等. 发展农村电子商务 推动精准扶贫 ［J］. 理论视野, 2016, 10: 73 – 77.

［8］许恋天, 邓纲. 乡村振兴战略实施中农民创业的"后互联网"路径及法治保障 ［J］. 农林经济管理学报, 2018, 17 (5): 602 – 612

［9］朱邦耀, 宋玉祥, 李国柱, 等. C2C 电子商务模式下中国"淘宝村"的空间聚集格局与影响因素 ［J］. 经济地理, 2016, 36 (4): 92 – 98.

［10］曾亿武, 郭红东, 金松青. 电子商务有益于农民增收吗? ——来自江苏沭阳的证据 ［J］. 中国农村经济, 2018, 2: 49 – 64.

［11］马士华, 林勇. 供应链管理 ［M］. 北京: 高等教育出版社, 2003.

［12］Joseph Stiglitz. Information and the Change in Economic ［J］. American Economic Review, 2002: 460 – 501.

［13］李新家. 网络经济研究 ［M］. 北京: 中国经济出版社, 2004.

［14］乌家培. 网络经济及其对经济理论的影响 ［J］. 学术研究, 2000, 1: 5 – 11.

［15］张永林．互联网、信息元与屏幕化市场——现代网络经济理论模型和应用［J］．经济研究，2016，9：147-161．

［16］何明升，李一军．网络消费的基本特点及其对传统经济理论的突破［J］．学术交流，2001，3：105-108．

［17］North D C.Institutions［J］．Journal of Economic Perspectives，1991，5（1）：97-112．

［18］张五常．交易费用的范式［J］．社会科学战线，1999，1：1-9．

［19］Coase R H.The Nature of the Firm［J］．Economica.1937，4（16）：386-405．

［20］王勇，辛凯璇，余瀚．论交易方式的演进——基于交易费用理论的新框架［J］．经济学家，2019，4：49-58．

［21］赵卫东，黄丽华著．电子商务模式［M］．上海：复旦大学出版社，2011．

［22］马永欢，陈丽萍，沈镭，等．自然资源资产管理的国际进展及主要建议［J］．国土资源情报，2014，12：2-8．

［23］戈特哈德·贝蒂·俄林．区间贸易与国际贸易论［M］．王继祖，译．北京：首都经济贸易大学出版社，2001．

［24］Adam Smith.The Wealth of Nations［M］．Blackstone Audiobooks，1997．

［25］Alfred Marshall.The Principles of Economics［M］．Macsource Press，2006．

［26］Saxenian.Regional Advantage：Culture and Competition in Silicon Valley and Route128［Z］．Cambridge，Mass：Harvard University Press，1994．

［27］S. Bruso.The Idea of Industrial Districts：Its Genesis，In Pyke F and Sengenberger W. Industrial Districts and Cooperation［M］．ILO，Geneve，1990．

［28］Rugman A M，D'Cruz J R.The "Double Diamond" Model of International Competitiveness：The Canadian Experience［J］．Mir Management International Review，1993，33：17-39．

［29］Moon H C，Rugman A M，Verbeke A.A Generalized Double Diamond Approach to the Global Competitiveness of Korea and Singapore［J］．International Business Review，1998，7（2）：135-150．

［30］芮明杰．产业竞争力的"新钻石模型"［J］．社会科学，2006，4：68-73．

［31］税伟．钻石模型在中国的检验与重构［J］．西安交通大学学报：社会科学版，2011，31（4）：14-20．

［32］黄祖辉，王鑫鑫，宋海英．浙江省农产品国际竞争力的影响因素——基于双钻石模型的对比分析［J］．浙江社会科学，2010，9：19-27．

［33］曲国明．中美创意产业国际竞争力比较——基于RCA、TC和"钻石"模型的分析［J］．国际贸易问题，2012，3：79-89．

［34］阿马蒂亚·森．以自由看待发展［M］．任赜，于真，译．北京：中国人民大学出版

社，2002.

[35] Amartya K. Sen, Well—Being, Agency and Freedom: The Dewey Lectures [J]. The Journal of Philosophy, 1985, 82 (4): 203.

[36] 刘科. 能力及其可行性——阿玛蒂亚·森能力理论的伦理基础 [J]. 社会科学, 2018, 1: 118－126.

[37] 周文文. 伦理、理性、自由——阿玛蒂亚·森的发展理论 [M]. 上海: 学林出版社，2006.

[38] Liu Weiling, Hi Haiping. Research on the Questions of Countryside Electronic-commerce and the Pattern of Innovation [C]. Intenational Conference on Management and Service Science, MASS 2011.

[39] Ranu Gupta, Pawan Kumar Sharma. Scope of E-Commerce in Agri-Business in India: An Overview [J]. International Journal of Advanced Scientific Research and Management, 2018, 3: 99－104.

[40] Liu F, Tang W, Zhang Y, et al. Construction of the Agricultural Products E-commerce Mode Linked by Rural Economic Cooperation Organization—Through Two Japanese Cases Study [C]. International Conference on Business Management and Electronic Information. IEEE, 2011: 167－171.

[41] Leslie Stoel, SoWon Jeong, Stan Ernst. Beliefs of Small, Independently Owned Rural Retailers about Internet Use: A Typology [J]. Marketing Intelligence & Planning, 2010, 28 (1): 88－104.

[42] Wyn Morris, Penri James. Social Media, an Entrepreneurial Opportunity for Agriculture-based Enterprises [J]. Journal of Small Business and Enterprise Development, 2017, 24 (4): 1028－1045.

[43] Xénia Szanyi-Gyenes. The Role of Smart and Medium-sized Enterprises in the Smart Villages Concept, in Anna Visvizi, Miltiadis D. Lytras, György Mudri (ed.) Smart Villages in the EU and Beyond. Emerald Studies in Politics and Technology, Volume [M]. West Yorkshire: Emerald Publishing Limited, 2019: 111－124.

[44] John Sanders, Laura Galloway, Jo Bensemann. Investigating the Relationship Between Scottish Rural Small Firms'Social Networks, Extra-local Market Diversification and Internet Usage, in Colette Henry, Gerard Mcelwee (ed.) Exploring Rural Enterprise: New Perspectives on Research, Policy & Practice (Contemporary Issues in Entrepreneurship Research, Volume 4) [M]. West Yorkshire: Emerald Group Publishing Limited, 2014: 9－33.

[45] Daniel Azevedo. Precision Agriculture and the Smart Village Concept, in Anna Visvizi, Miltiadis D. Lytras, György Mudri (ed.) Smart Villages in the EU and Beyond (Em-

erald Studies in Politics and Technology, Volume) [M]. West Yorkshire: Emerald Publishing Limited, 2019: 83 - 97.

[46] Biagia De Devitiis, Ornella Wanda Maietta, Chapter 8 Regional Patterns of Structural Change in Italian Agriculture, in Dionisio Ortiz-Miranda, Ana Moragues-Faus, Eladio Arnalte-Alegre (ed.) Agriculture in Mediterranean Europe: Between Old and New Paradigms (Research in Rural Sociology and Development, Volume 19) [M]. West Yorkshire: Emerald Group Publishing Limited, 2013: 173 - 205.

[47] Helen Barton. New Zealand Farmers and the Internet [J]. British Food Journal, 2003, 105 (1/2): 96 - 110.

[48] Martyn Warren. Farmers Online: Drivers and Impediments in Adoption of Internet in UK Agricultural Businesses [J]. Journal of Small Business and Enterprise Development, 2004, 11 (3): 371 - 381.

[49] Sofia Reino, Andrew J Frew, Carlos Albacete-Sáez. ICT Adoption and Development: Issues in Rural Accommodation [J]. Journal of Hospitality and Tourism Technology, 2011, 2 (1): 66 - 80.

[50] Zhang, Jing. The Analysis of Rural E-commerce In Qingyanliu Pattern [J]. Proceedings of The 2017 9th International Economics, Management and Education Technology Conference (Iemetc 2017), 2017: 382 - 387.

[51] Gudele I, Rivza B. Factors Influencing E-commerce Development In Baltic Rural Areas [J]. Nordic View to Sustainable Rural Development, 2015: 496 - 500.

[52] Geoffrey J Simmons, Mark G Durkin, Pauric McGowan, et al. Determinants of Internet Adoption by SME Agri - food Companies [J]. Journal of Small Business and Enterprise Development, 2007, 14 (4): 620 - 640.

[53] Xiaoxia Duan, Hepu Deng, Brian Corbitt. Evaluating the Critical Determinants for Adopting E-market in Australian Small-and-medium Sized Enterprises [J]. Management Research Review, 2012, 3 - 4: 289 - 308.

[54] Brush G J. Factors Influencing E-marketplace Adoption in Agricultural Micro-enterprises. [J]. International Journal of Electronic Business, 2010, 8 (4): 405 - 432.

[55] Mueller R A E. E-Commerce and Entrepreneurship in Agricultural Markets [J]. American Journal of Agricultural Economics, 2001, 83 (5): 1243 - 1249.

[56] Karl W Sandberg, Fredrik Håkansson. Barriers to Adapt E-Commerce by Rural Micro-enterprises in Sweden: A Case Study [J]. International Journal of Knowledge and Research in Management and E-Commerce, 2014, 4 (1): 1 - 7.

[57] Marvin Akwanyi, David Kiarie Mburu. Influence of Electronic Money Transfer Services on Performance of Small and Medium Enterprises in Kenya (A Case of Bungoma Coun-

ty）[J]. IJRDO-Journal Of Applied Management Science，2016，2（4）：190 - 234.

[58] Menger C. Principles of Economics [M]. New York：New York University Press，1981：189 - 190.

[59] Henderson J R. Networking with E-commerce in Rural America [J]. Main Street E-conomist，2001，9：1 - 4.

[60] Darch H，Lucas T. Training as an E-commerce Enabler [J]. Journal of Workplace Learning，2002，14（4）：148 - 155.

[61] Rhodes Jo. A Strategic Framework for Rural Micro-Enterprise Development：The Integration of Information Communication Technology（ICT），E-Commerce，Marketing，and Actor-Network Theory [J]. Perspectives on Global Development and Technology，2009，8（1）：48 - 69.

[62] Migdalas A，Baourakis G，Kourgiantakis M. The Impact of E-commerce on Agro-food Marketing：The Case of Agricultural Cooperatives，Firms and Consumers in Crete [J]. British Food Journal，2013，104（8）：580 - 590.

[63] Lawson R，Alcock C，Cooper J，et al. Factors Affecting Adoption of Electronic Commerce Technologies by SMEs：An Australian Study [J]. Journal of Small Business and Enterprise Development，2003，10（3）：265 - 276.

[64] Fathen Jabeur，Muhammad Mohiuddin，Egide Karuranga. Timeline of Initial Perceptions and Adoption of E-Business among Quebec Forestry Sector SMEs [J]. CIIMA，2013，13（3）：1 - 20.

[65] Hartmut-Heinrich Meyer，Bastian Paulsen，Paulsen. Public Innovation Management Support in Rural Areas：The Artie Case in Germany [J]. German-Turkish Perspectives on IT and Innovation Management，2018：109 - 121.

[66] Dongrui Bai. Rural E-commerce Profit Model Design and Empirical Research [J]. Revista de la Facultad de Ingeniería，2016，32（15）：68 - 72.

[67] Gcora N，Maoneke P，Isabirye N. A Model to Enhance the Perceived Trustworthiness of Small and Medium Enterprises Selling Natural Essential Oils through E-Marketplaces，New Insights on Trust in Business-to-Business Relationships（Advances in Business Marketing and Purchasing，Vol. 26）[M]. West Yorkshire：Emerald Publishing Limited，2019：37 - 52.

[68] Aleke B，Ojiako U，Wainwright D. ICT Adoption in Developing Countries：Perspectives from Small-scale Agribusinesses [J]. Journal of Enterprise Information Management，2011，24（1）：68 - 84.

[69] Kalema Billy Mathias，Muchandigona Anna. Core Competencies for E-commerce Utilization by Sems in Low and Middle Income Countries [J]. European Journal of Business

Research, 2015, 15 (2): 69 - 80.

[70] Sarah Ahtesham. E-commerce in India and Rural Entrepreneurship with Focus on the State of Telangana [J]. Journal of Exclusive Management Science, 2017, 6 (5): 1 - 7.

[71] Song Hui, Wu Ling. E-commerce Security in Rural Tourism Based on Factor Analysis [J]. International Journal of Security and its Applications, 2015, 9 (7): 129 - 140.

[72] Fecke Wilm, Danne Michael, Musshoff Oliver. E-commerce in Agriculture-The Case of Crop Protection Product Purchases in a Discrete Choice Experiment [J]. Computers &. Electronics in Agriculture, 2018: 126 - 135.

[73] Multra S K, Banipersad K. A Customers Perception of E-services Quality for Mauritius [J]. International Journal of Advanced Studies in Computer Science and Engineering, 2013, 2 (4): 15 - 22.

[74] Achla Gakkhar, Dolly Rani, Priyanka Chaudhary. A Study of Level of Satisfaction among Youth towards Online Shopping [J]. International Journal of Advanced Research and Development, 2017, 2 (4): 17 - 19.

[75] Sharma, Hemendra. Technology &. Innovation Online Changes Shopping Habits in Tier II &. Tier III Cities [J]. Adhyayan: A Journal of Management Sciences, 2018, (Special): 22 - 28.

[76] India's Rural E-tail Market Presents $ 10 - $ 12 Billion Opportunity for Ecommerce Firms in the next Four Years: Report [J]. FRPT-Ecommerce Snapshot, 2018: 16 - 17.

[77] Sandeep Garg, Rohit Kumar. A Study of Consumers' Opinion Regarding Retailing Through Online Purchasing [J]. International Journal of Business &. Management Research, 2012, 2 (10): 4.

[78] Sumiran Kumar Rajak. E-commerce And Rural India: A Study In Jharkh and State [J]. Indian Streams Research Journal, 2016, 6: 1 - 4.

[79] Patel Vipul B, Asthana A K, Patel Kiran J, et al. A Study on Adoption of E-commerce Practices among the Indian Farmers with Specific Reference to North Gujarat Region. Internat. J. Com. &. Bus [J]. Manage, 2016, 9 (1): 1 - 7.

[80] G. Sony S, Bhavana M, Anvitha. E-tailing In India [J]. Journal of Applied Science and Computations, 2019, 6 (1): 3588 - 3595.

[81] Priyanka Jayashankar, Sree Nilakanta, Wesley J Johnston, et al. IoT Adoption in Agriculture: The Role of Trust, Perceived Value and Risk [J]. Journal of Business &. Industrial Marketing, 2018, 33 (6): 804 - 821.

[82] A Anooja. A Digital India with E-commerce Revolution in Rural India [J]. Internation-

al Journal of Research，2016，7：92－100.

[83] Singh SK. E-Commerce in Rural India [J]. Advances in Economics and Business Management（Aebm），2016：260－262.

[84] Stoel L，Jeong S，Ernst S. Beliefs of Small，Independently Owned Rural Retailers about Internet Use：A Typology [J]. Marketing Intelligence & Planning，2010，28（1）：88－104.

[85] S Gnanasaranya. Adoption of ICTs by Women Micro-entrepreneurs in Rural Areas-A Study in Dindigul District，Tamil Nadu，India [J]. International Journal of Knowledge Management and Practices，2017，5（2）：16－23.

[86] Kwapong，Olivia Adwoa Tiwaah Frimpong. A Comparison of ICT Knowledge and Usage among Female Distance Learners in Endowed and Deprived Communities of a Developing Country [J]. E-learning，2009，6（2）：164－174.

[87] Reva Prasad Mishra，Sonam Mathur，C K Goyal. Impact of Information and Communication Technology in the Development of Rural Sector and E-Choupal [J]. Altius Shodh Journal of Management and Commerce，2014，1（2）：364－366.

[88] Warren M F. E-farming or E-folly? Adoption of Internet Technology by Farmers in England [R]. University of Plymouth，Newton Abbot，2000，5：16－21.

[89] Kakali Majumdar，Rajeev Kumar Singh. Impact of Information and Communication Technology on Marketing of Rice A Study of Uttar Pradesh [J]. International Journal of Social Economics，2019，46（9）：1061－1080.

[90] Margaret Meiling Luo，Sophea Chea. Internet Village Motoman Project in Rural Cambodia：Bridging the Digital Divide [J]. Information Technology & People，2018，31（1）：2－20.

[91] Zhu Shizhan，Chen Juan. The Digital Divide in Individual E-commerce Utilization in China：Results from a National Survey [J]. Information Development，2013，29（1）：69－80.

[92] Xu Jingxian，Guo Jianhong. The Current Situation of E-commerce Development of Agricultural Products in Fujian and Its Countermeasures [C]. Proceedings of The 2017 International Conference on Education Science and Economic of Management（Icesem2017），2017：161－163.

[93] Yanliu Lin. E-urbanism：E-commerce，Migration，and the Transformation of Taobao Villages in Urban China [J]. Cities，2019，91：202－212.

[94] Hu Chunhua. Research on the Development Dynamic Mechanism and Strategy of Electronic Commerce of Agricultural Products in China [C]. Proceedings of the 2016 International Confeerence on Education，Management and Computer Science（Icemc 2016），

2016: 334 - 338.

[95] Likai Zou, Qiang Liang. Mass Entrepreneurship, Government Support and Entrepreneurial Cluster: Case Study of Junpu Taobao Village in China [J]. Scholars Journal of Economics, Business and Management, 2015, 2 (12): 1185 - 1193.

[96] Li Yuanyuan, Fan Kun, Wen Jiwen, et al. The Research on Influencing Factors of Forest Farmers' Intention of Adopting Online Trading Based on Logistic Regression Model [J]. Advances in Information Sciences and Service Sciences, 2012, 4 (22): 658 - 665.

[97] Lv Yue, Wang Liya, Zhang Yisheng. The Analysis of Rural Consumer Adoption Behavior of Mobile Electronic Business Platform [C]. 2017 3rd International Confeerence on Information Management (Icim 2017), 2017: 88 - 92.

[98] Jin S, Li H, Li Y. Preferences of Chinese Consumers for the Attributes of Fresh Produce Portfolios in an E-commerce Environment [J]. British Food Journal, 2017, 119 (4): 817 - 829.

[99] Zhou Guangliang, Guo Yawen. Efficiency Evaluation of Rural E-commerce Supply Chain Management Based on Analytical Hierarchy Process [J]. Proceedings of the 2016 7th International Conference on Education, Management, Computer and Medicine (Emcm 2016), 2017: 795 - 801.

[100] Cheah W S, Masli A B, Mit E. Sustainability Modelling of E-commerce for Rural Community: A Case from Long Lamai E-commerce Initiative [C]. International Conference on Informatics and Creative Multimedia. IEEE Computer Society, 2013: 282 - 287.

[101] Galloway L, Mochrie R. The Use of ICT in Rural Firms: A Policy-orientated Literature Review [J]. Info, 2005, 7 (3): 33 - 46.

[102] Sohan Singh Rawat, Ravi Singh. Emergence Of E-choupal In Indian Agriculture Business [J]. International Journal of Business & Management Research, 2013, 3 (6): 199 - 210.

[103] Xuan Su. Analysis of the Development Prospects of Rural Tourism E-commerce System under the Background of Big Data [J]. Revista de la Facultad de Ingenieria, 2017, 32 (9): 492 - 499.

[104] Yingnan Zhang. Analysis of Rural Economic Restructuring Driven by E-commerce Based on the Space of Flows: The Case of Xiaying Village in Central China [J]. Journal of Rural Studies, 2018, 12: 1.

[105] Haibin Zhang, Guoqing Zhang. Emotion Model Construction and Tendency Analysis on Neural Network-based Agricultural Product Network Comments [J]. Revista de la

Facultad de Ingenieria, 2017, 32 (11) 745-751.

[106] Scuderi A, Sturiale L. Analysis of Social Network Applications for Organic Agrifood Products [J]. International Journal of Agricultural Resources Governance &. Ecology, 2014, 10 (2): 176-189.

[107] Alam K, Adeyinka A, Wiesner R. Smaller Businesses and E-innovation: A Winning Combination in Australia [J]. Journal of Business Strategy, 2019.

[108] Lamie R David, Barkley David L, Markley Deborah M. Positive Examples and Lessons Learned from Rural Small Business Adoption of E-commerce Strategies [J]. Journal of Extension, 2011, 49 (6): 1-8.

[109] Khanal A, Mishra A. Financial Performance of Small Farm Business Households: The Role of Internet [J]. China Agricultural Economic Review, 2016, 8 (4): 553-571.

[110] Hou J, Huo X, Yin R. Does Computer Usage Change Farmers' Production and Consumption? Evidence from China [J]. China Agricultural Economic Review, 2019, 11 (2): 387-410.

[111] Simple Jain, Anuprita Purohit. Utilization of Agriculture Service of E-choupal by Rural People of Rajasthan [J]. International Journal of Home Science Extension and Communication Management, 2015, 2 (1): 45-48.

[112] Alan Lukose. Rural Farmers Awareness towards E-marketing Facilities Special Reference to Farmers of Ottapalam Taluk [J]. International Journal of Emerging Technologies in Engineering Research, 2018, 6 (Special 1): 18-20.

[113] Rhodes J. Can E-Commerce Enable Marketing in an African Rural Women's Community Based Development Organization? [J]. Informing Science the International Journal of An Emerging Transdiscipline, 2003, 6: 157.

[114] Fariba F, Ebrahimi M S. Factors Affecting The Social Development of Rural Women—A Case Study From Iran [J]. Indian Journal of Fundamental and Applied Life Sciences, 2014, 4 (3): 637-640.

[115] Georgiadou K, Baros W, Kekkeris G. Motivating Roma Women through Computer Education in Thrace [J]. ΠΑΙΔΑΓΩΓΙΚΗ-θεωρία και πράξη, 2009, 1: 87-93.

[116] Qian Linliang. The 'Inferior' Talk Back: Suzhi (Human Quality), Social Mobility, and E-commerce Economy in China [J]. Journal of Contemporary China. 2018, 27 (114): 887-901.

[117] Xu Chan, Lü Bin, Wen Tianzuo. New Patterns of County In-Situ Urbanization and Rural Development: Perspective of E-commerce [J]. China City Planning Review, 2017, 26 (4): 34-41.

[118] Song H. Comprehensive Evaluation of E-commerce Performance in Small and Medium-sized Tourism Enterprises: A Resource-Based [J]. International Journal of Multimedia and Ubiquitous Engineering, 2015, 10 (8): 139-148.

[119] Amirhossein Alibaygi, Mehdi Karamidehkordi, Mehrdad Pouya. Using the Delphi Technique to Assess Cost-effectiveness of Rural Information and Communications Technologies (ICT) Centers in Iran [J]. Journal of Agricultural Extension and Rural Development, 2012, 4 (20): 552-555.

[120] Jiang Hua. Analysis of the Business Model for Promoting Network Interactive E-commerce [J]. Agro Food Industry Hi-Tech, 2017, 28 (1): 1632-1636.

[121] Pushpa B. e-Farmers Friendly App for Rural Development [C]. International Journal for Research in Engineering Application & Management (IJREAM), 2018: 27-30.

[122] Sapna A, Narula, Sabhyata Arora. Identifying Stakeholders' Needs and Constraints in Adoption of ICT Services in Rural Areas: The Case of India [J]. Social Responsibility Journal, 2010, 6 (2): 222-236.

[123] Adamides G, Stlianou A Kosmas P C, et al. Factors Affecting PC and Internet Usage by the Rural Population of Cyprus [J]. Agricultural Economics Reviews, 2013, 14 (1): 16-36.

[124] Edda Tandi Lwoga, Wallace Chigona. Perception, Usage and Barriers towards the Utilisation of the Telecentre among Rural Women in Tanzania [J]. Journal of Information, Communication and Ethics in Society, 2019, 17 (1): 2-16.

[125] You-Te Lu, Yi-Hsing Chang. Investigation of the Internet Adoption on Senior Farmers [J]. Engineering Computations: International Journal for Computer-aided Engineering and Software, 2016, 33 (6): 1853-1864.

[126] Muthukumar N. A Revolution Is brewing in African Agriculture [J]. New African, 2018, 589: 52-53.

[127] Shanmuga Vivekananda Nadarajan, Roslan Ismail. E-commerce Framework to Improve Rural Agriculture Sector in Cambodia [J]. International Proceedings of Economics Development & Research, 2011, 25: 287-291.

[128] Islam F, Kazal M, Rahman M H. Potentiality on E-commerce in the Rural Community of Bangladesh [J]. Progressive Agriculture, 2016, 27 (2): 207-215.

[129] Siriginidi Subba Rao. Role of ICTs in India's Rural Community Information Systems [J]. Info, 2004, 6 (4): 261-269.

[130] Krishan K. Boora. Leveraging ICT in Rural & Agriculture Market of India: An Overview [J]. International Journal of Research in Management, Science & Technology, 2014, 8 (2): 56-60.

[131] Zakota Z. Bringing E-business to Rural Regions through Telecentre Networks [J]. Journal of Applied Economic Sciences, 2008, 1 (1): 7.

[132] Lin Geng, Xie Xiaoru, Lv Zuyi. Taobao Practices, Everyday Life and Emerg0ing Hybrid Rurality in Contemporary China [J]. Journal of Rural Studies, 2016, 47 (Part B): 514 - 523.

[133] Colom Gorgues, Antonio. Innovacion Organizacional y Domesticacion de Internet y las TIC en el Mundo Rural, con Nuevas Utilidades Colectivas y Sociales. La Figura del Telecentro y el Teletrabajo. (Organisational Innovation and Widespread Domestic Use of the Internet and ICTs in the Rural World, with New Collective and Social Utilities: Tele-centres and Tele-work. With English Summary) [J]. CIRIEC-Espana, Revista de Economia Publica, Social y Cooperativa, 2004, 49: 77 - 116.

[134] Jalali A A, Okhovvat M R, Okhovvat M. A New Applicable Model of Iran Rural E-commerce Development [J]. Procedia Computer Science, 2011, 3: 1157 - 1163.

[135] Vajda-Mlinacek Ljiljana, GradiBnik Vera. E-trgovina u Ekoturizmu. (E-commerce in Eco-tourism. with English Summary.) [J]. Character Educ, 2001, 7 (1 - 2): 151 - 158.

[136] 刘可. 农村电子商务发展探析 [J]. 经济体制改革, 2008, 6: 171 - 174.

[137] 童云. 乡村振兴背景下农产品电子商务发展战略 [J]. 社会科学家, 2018, 251 (3) 79 - 85.

[138] 郭承龙. 农村电子商务模式探析——基于淘宝村的调研 [J]. 经济体制改革, 2015, 5: 110 - 115.

[139] 范轶琳, 姚明明, 吴卫芬. 中国淘宝村包容性创新的模式与机理研究 [J]. 农业经济问题, 2018, 12: 118 - 127.

[140] 寇光涛, 卢凤君. "互联网＋农业产业链" 的实践总结与创新路径 [J]. 农村经济, 2016, 8: 30 - 34.

[141] 成晨, 丁冬. "互联网＋农业电子商务": 现代农业信息化的发展路径 [J]. 情报科学, 2016, 34 (11): 49 - 52.

[142] 唐凯江, 杨启智, 李玫玫. "互联网＋" 休闲农业运营模式演化研究 [J]. 农村经济, 2015, 11: 28 - 34.

[143] 陈旭. 互联网＋农业场景营销模式创新研究 [J]. 农业经济, 2019, 383 (3): 133 - 135.

[144] 周妮笛, 李毅. 互联网＋山区特色农产品营销渠道探究——以陕西富平县柿子营销为例 [J]. 林业经济, 2019, 3: 56 - 59.

[145] 汪向东. 农村经济社会转型的新模式——以沙集电子商务为例 [J]. 工程研究——跨学科视野中的工程, 2013, 2: 194 - 200.

[146] 陈旭堂, 余国新, 朱磊. 基于钻石模型的县域农村电子商务发展要素分析——以浙江遂昌为例 [J]. 农村经济, 2018, 5: 99 - 104.

[147] 谢秋燕 ."互联网＋农村电子商务"的趋势模拟及比较 [J]. 商业经济研究, 2019, 22：150 - 152.

[148] 丁明华 ."互联网＋农业"构建我国农村电子商务发展的新路径 [J]. 商业经济研究, 2016, 15：97 - 98.

[149] 钮钦 . 中国农村电子商务政策文本计量研究——基于政策工具和商业生态系统的内容分析 [J]. 经济体制改革, 2016, 4：25 - 31.

[150] 任晓晓, 丁疆辉, 靳字含 . 产业依托型淘宝村时空发展特征及其影响因素——以河北省羊绒产业集聚区为例 [J]. 世界地理研究, 2019, 28 (3)：173 - 182.

[151] 李艳菊 . 论我国农业电子商务发展动力机制与策略 [J]. 求索, 2015, 3：84 - 88.

[152] 周静, 杨紫悦, 高文 . 电子商务经济下江苏省淘宝村发展特征及其动力机制分析 [J]. 城市发展研究, 2017, 24 (2)：9 - 14.

[153] 凌守兴 . 我国农村电子商务产业集群形成及演进机理研究 [J]. 商业研究, 2015, 1：104 - 109.

[154] 郑新煌, 孙久文 . 农村电子商务发展中的集聚效应研究 [J]. 学习与实践, 2016, 6：28 - 37.

[155] 崔丽丽, 王骊静, 王井泉 . 社会创新因素促进"淘宝村"电子商务发展的实证分析——以浙江丽水为例 [J]. 中国农村经济, 2014, 12：50 - 60.

[156] 张赛 . 电子商务与区域发展的互动机制研究：以浙江省丽水市为例 [D]. 上海：华东师范大学, 2018.

[157] 张嘉欣, 千庆兰 . 信息时代下"淘宝村"的空间转型研究 [J]. 城市发展研究, 2015, 22 (10)：81 - 84.

[158] 张嘉欣, 千庆兰, 陈颖彪, 等 . 空间生产视角下广州里仁洞"淘宝村"的空间变迁 [J]. 经济地理, 2016, 1：120 - 126.

[159] 汪凡, 汪明峰 . 基于格网的淘宝村集聚特征及影响因素分析 [J]. 地理科学, 2020, 40 (2)：229 - 237.

[160] 张庆民, 孙树垒, 吴士亮, 等 . 淘宝村农户网商群体持续成长演化研究 [J]. 农业技术经济, 2019, 1：121 - 134.

[161] 易法敏 . 农业企业电子商务应用的影响因素研究 [J]. 科研管理, 2009, 30 (3)：180 - 186.

[162] 任晓鸿 . 电子商务背景下农村小微企业发展策略探讨 [J]. 农业经济, 2016, 2：126 - 128.

[163] 王岸明 . 我国农产品电子商务促进农民增收作用的实证分析 [J]. 商业经济研究, 2019, 771 (8)：130 - 133.

[164] 侯振兴 . 区域农户农企采纳农产品电子商务的影响因素 [J]. 西北农林科技大学学报：社会科学版, 2018, 115 (1)：72 - 80.

[165] 李彦，周琼婕．农户参与意愿在农产品电子商务模式创新中的作用——基于案例分析的研究 [J]．商业经济研究，2018，10：77-79．

[166] 赵安顺．利用电子商务发展农村经济的对策分析 [J]．农村经济，2001，7：10-11．

[167] 濮海坤．基于"互联网＋农民"的农村电子商务与农村物流协同发展策略研究 [J]．经济论坛，2018，580（11）：136-138．

[168] 刘静娴，沈文星．农村电子商务演化历程及路径研究 [J]．商业经济研究，2019，19：123-126．

[169] 周现国．以互联网助力农村产业经济发展 [J]．人民论坛，2019，24：86-87．

[170] 曾亿武，翟李琴，郭红东．电子商务视阈下的农户诚信经营意识：强化还是弱化？——来自江苏沭阳的证据 [J]．商业经济与管理，2019，（5）：15-25＋45．

[171] 刘同德，郭振．电子商务对农村扶贫开发工作的影响分析——以青海省民和县"农村淘宝"项目为例 [J]．青海社会科学，2016，6：112-118．

[172] 曾亿武，郭红东．专业村电商化转型的增收效应 [J]．华南农业大学学报：社会科学版，2016，15（6）：104-113．

[173] 李志刚．扶植我国农村电子商务发展的条件及促进对策分析 [J]．中国科技论坛，2007，1：123-126．

[174] 朱君璇．新农村建设视角下的我国农业电子商务发展策略 [J]．农业经济，2008，11：93-94．

[175] 杨静，刘培刚，王志成．新农村建设中农业电子商务模式创新研究 [J]．中国科技论坛，2008，8：117-121．

[176] 成晨，丁冬．"互联网＋农业电子商务"：现代农业信息化的发展路径 [J]．情报科学，2016，34（11）：49-52，59．

[177] 王敏，马纯莉，朱竑．"互联网＋"时代下的乡村地方品牌建构——以从化市良口镇三村为例 [J]．经济地理，2017，37（1）：115-121．

[178] 燕玉霞．构建乡村旅游电子商务战略体系的探讨 [J]．农业经济，2016，12：93-95．

[179] 熊剑平，刘承良，袁俊．乡村旅游电子商务发展与网络系统构建 [J]．经济地理，2006，26（2）：340-345．

[180] 李平，姜官爽，蔡雨瑷，等．互联网"微营销"在乡村旅游发展中的放大能效分析 [J]．扬州大学学报：人文社会科学版，2016，20（5）：78-89．

[181] 刘雯．关于电子商务推动我国农村消费市场发展研究 [J]．农业经济，2015，11：137-138．

[182] 刘根荣．电子商务对农村居民消费影响机理分析 [J]．中国流通经济，2017，5：96-104．

[183] 李向阳．电子商务为精准扶贫提供新引擎［J］．人民论坛，2017，10：64－65．

[184] 汪向东，王昕天．电子商务与信息扶贫：互联网时代扶贫工作的新特点［J］．西北农林科技大学学报：社会科学版，2015，15（4）：98－104．

[185] 杜永红．乡村振兴战略背景下网络扶贫与电子商务进农村研究［J］．求实，2019，3：97－112．

[186] 许恋天，邓纲．乡村振兴战略实施中农民创业的"后互联网"路径及法治保障［J］．农林经济管理学报，2018，17（5）：602－612

[187] 董园园．"互联网＋电子商务"视阈下的农民创业问题分析［J］．农业经济，2019，385（5）：73－74．

[188] 马隽．农村电子商务发展与农村富余劳动力安置问题研究［J］．中国农业资源与区划，2016，2：135－137．

[189] 陈晨．互联网改写乡村生态——山东曹县淘宝村的调研与思考［N］．光明日报，2015－8－31（7）．

[190] 王领，胡晓涛．新经济地理学视角下电子商务对人口流动的影响［J］．当代经济科学，2016，38（3）：53－59．

[191] 马军旗，乐章．互联网使用对农村居民幸福感的影响研究［J］．调研世界，2019，8：9－15．

[192] 温有栋．"双创"政策下县域农民电子商务行为分析——以江西省为例［J］．价格月刊，2018，3：90－94．

[193] 徐天舒．互联网时代我国农村消费市场发展探讨［J］．商业经济研究，2019，22：146－149．

[194] 李斌宁．广东省农村经济发展对农业电子商务的需求性分析［J］．农业经济，2010，7：34－35．

[195] 罗震东，何鹤鸣．新自下而上进程——电子商务作用下的乡村城镇化［J］．城市规划，2017，41（3）：31－40．

[196] 许婵，吕斌，文天祚．基于电子商务的县域就地城镇化与农村发展新模式研究［J］．国际城市规划，2015，30（1）：14－21．

[197] 陈芳芳，罗震东，何鹤鸣．电子商务驱动下的乡村治理多元化重构研究——基于山东省曹县大集镇的实证［J］．现代城市研究，2016，10：22－29．

[198] 许应楠．乡村振兴战略下农村电子商务精准扶贫路径重构——基于协同理论视角［J］．商业经济研究，2019，771（8）：80－83．

[199] 曾鸣．互联网使用对西部农村居民文化贫困的影响［J］．调研世界，2019，9：49－55．

[200] 杨燕，高敏，李军．电子商务平台在农产品销售中的作用探究——对潍坊寿光市农户的调查分析［J］．天津农业科学，2016，22（12）：83－86．

［201］李秋斌．"互联网＋"下农村电子商务扶贫模式的案例研究及对策分析［J］．福建论坛：人文社会科学版，2018，3：179-188.

［202］宦宸．"互联网＋"农村大众创业的乡村治理——"中国农谷·带头人"论坛第四届年会暨国家治理高峰论坛第二届湖北峰会综述［J］．人民论坛，2015（22）：68.

［203］Millar A，Simeone R S，Carnevale J T. Logic Models：A Systems Tool for Performance Management［J］. Evalustion and Program Planning，2001，24：73-81.

［204］David A，Julian. The Utilization of the Logic Model as A System Level Planning and Evaluation Device［J］. Evaluation and Program Planning，1997，20（3）：251-257.

［205］曹安，汪晶晶，苏洋，等．城市社会林业可持续发展能力评价指标体系构建及应用研究［J］．林业经济，2019，41（01）：105-112.

［206］杜鑫昱，夏建国，章大容．四川省土地整理项目绩效评价［J］．中国生态农业学报，2015，23（4）：514-524.

［207］颜海娜，杨雪娟．基于逻辑模型的食品安全专项资金绩效评价体系及结果分析——基于2012年G省的数据［J］．甘肃行政学院学报，2014（5）：44-57，128.

［208］罗文斌．中国土地整理项目绩效评价、影响因素及其改善策略研究［D］．浙江：浙江大学，2011.

［209］贺小刚．上海市区县创新能力调查研究［M］．上海：上海财经大学出版社，2010.

［210］李红玲，张晓晓．中西部地区淘宝村发展的关键路径研究［J］．科学学研究，2018，36（12）：2250-2258.

［211］林家宝，胡倩．企业农产品电子商务采纳与常规化的形成机制［J］．华南农业大学学报（社会科学版），2017，16（5）：98-112.

［212］Suryakant Ratan Chaugule. E-commerce：A New Concept of Rural Marketing in India［J］. International Journal of Informative & Futuristic Research，2016，3：4524-4532.

［213］Luo Zhendong，He Heming. A New Bottom-Up Process：The Rural Urbanization Driven by E-commerce in China［J］. China City Planning Review，2017，26（4）：25-33.

［214］田勇，殷俊．互联网进村的减贫效果评估及其机制分析——基于农村电商创业热潮的背景［J］．现代经济探讨，2019，2：98-106.

［215］李连梦，吴青．电子商务能促进农村脱贫减贫吗？——基于贫困户与非贫困户的比较［J］．哈尔滨商业大学学报（社会科学版），2020（2）：67-83.

［216］王艺璇．技术的社会嵌入：农产品淘宝村形成机制研究——基于W村的实证分析［J］．西南大学学报：社会科学版，2020，46（1）：61-68.

［217］GengLin，XiaoruXie，ZuyiLv. Taobao Practices，Everyday Life and Emerging Hybrid Rurality in Contemporary China［J］. Journal of Rural Studies，2016，47（B）：514-523.

[218] 邱泽奇. 三秩归一：电商发展形塑的乡村秩序——菏泽市农村电商的案例分析 [J]. 国家行政学院学报，2018 (1)：47 - 54，149.

[219] Lili Liu. Study on the Influence of Agricultural Eco-environment on the Competitiveness of Agricultural Products E-commerce Brands in Jilin Province [C]. 2019 IOP Conf. Ser.：Earth Environ. Sci：1 - 7.

[220] 张英男，龙花楼，屠爽爽，等. 电子商务影响下的"淘宝村"乡村重构多维度分析——以湖北省十堰市郧西县下营村为例 [J]. 地理科学，2019，39 (6)：947 - 955.

[221] 穆燕鸿，王杜春，迟凤敏. 基于结构方程模型的农村电子商务影响因素分析——以黑龙江省 15 个农村电子商务示范县为例 [J]. 农业技术经济，2016，8：106 - 118.

[222] 李琪，唐跃桓，任小静. 电子商务发展、空间溢出与农民收入增长 [J]. 农业技术经济，2019，4：119 - 131.

[223] 刘祖云，张诚. 重构乡村共同体：乡村振兴的现实路径 [J]. 甘肃社会科学，2018，235 (4)：48 - 54.

[224] 张秀梅. 仪式的实践与乡村共同体重塑——关于浙江农村文化礼堂建设的思考 [J]. 浙江学刊，2018，3：108 - 113.

[225] 曹海林. 乡村社会变迁中的村落公共空间——以苏北窑村为例考察村庄秩序重构的一项经验研究 [J]. 中国农村观察，2005，6：61 - 73.

[226] 曹海林. 村落公共空间演变及其对村庄秩序重构的意义 [J]. 天津社会科学，2005，6：61 - 65.

[227] 曹海林. 村落公共空间与村庄秩序基础的生成——兼论改革前后乡村社会秩序的演变轨迹 [J]. 人文杂志，2004，6：164 - 168.

[228] 闫丽娟，孔庆龙. 政府扶持、社会助力与农民行动——人口较少民族乡村发展的内源动力新探 [J]. 西南民族大学学报：人文社科版，2016，37 (7)：19 - 25.

图书在版编目（CIP）数据

基于农户视角的浙江农村电子商务发展的价值贡献研究 / 陈旭堂，汪晶晶著. —北京：中国农业出版社，2021.6

ISBN 978-7-109-28465-4

Ⅰ.①基… Ⅱ.①陈… ②汪… Ⅲ.①农村—电子商务—产业发展—研究—浙江 Ⅳ.①F724.6

中国版本图书馆 CIP 数据核字（2021）第 126422 号

基于农户视角的浙江农村电子商务发展的价值贡献研究
JIYU NONGHU SHIJIAO DE ZHEJIANG NONGCUN DIANZI SHANGWU
FAZHAN DE JIAZHI GONGXIAN YANJIU

中国农业出版社出版

地址：北京市朝阳区麦子店街 18 号楼
邮编：100125
责任编辑：闫保荣
版式设计：杜　然　责任校对：吴丽婷
印刷：北京中兴印刷有限公司
版次：2021 年 6 月第 1 版
印次：2021 年 6 月北京第 1 次印刷
发行：新华书店北京发行所
开本：700mm×1000mm　1/16
印张：12.5
字数：220 千字
定价：58.00 元